大阪外国語大学
言語社会研究叢書
第3輯

フランス語の
統語論研究

関係文法の限界と可能性

木内良行

keiso shobo

はしがき

　本書は、フランス語の受動文、使役文、非人称文、副詞句のコントロール、及び日本語の受動文と使役文の各々に関して、従来関係文法で示されてきた説明を検討してその問題点を指摘し、新たな解決法を試みたものである。

　関係文法においては、「主語」、「直接目的語」等の文法関係は、生成文法のように句構造の階層関係などで定義されるのではなく、構文を形成する上で各言語にとって共通の基本的な概念となる。そして、それら文法関係が名詞句の形態及びその語順にどのように実現されるかは各言語の個別の規則によっており、特に語順に関しては表層の文法関係に依存すると仮定されている。関係文法の記述のシステムは非常に簡素であり、理論の根幹となる文融合規則や層単一の原則、失業原則などは直感的にも理解しやすいものであり、それらを用いることで、使役文など生成文法では非常に複雑な記述にならざるをえなかった構文のいくつかが、比較的単純な仕組みでかなりのところまで説明できるようになった。

　しかし、その反面、表層の語順の決定要因に関する議論はほとんどされてはこなかったし、時制や受動文に関わる形態や助動詞についても深い議論があったわけではない。装置の簡素さ故に、非人称文など語順が大きく関わる構文や副詞句のコントロールの問題など、文法関係に拘泥するあまり、不必要なまでに構文を複雑にとらえ過ぎてしまった例もある。

　以下の各章ではそれらの問題点を検証していくのであるが、議論の中で特に筆者が強調したかったことのひとつは、関係文法で得られる説明と他の文法記述の枠組みで得られるそれとが補完的でありうるということである。語順や形態が、すべて文法関係の変換規則の結果生じたものであるとは考えにくく、その逆の場合や、文法関係とは全く無関係な部分も可能性としては考えられるは

ずである。文法関係のみを基盤とした記述には限界があるはずであって、ある部分の記述が余りに複雑で直感に反するものになってしまうような場合、もし別の枠組みでより簡潔な説明ができるのであれば、説明に矛盾が生じない限りにおいてそれを組み合わせることになんら問題はないと筆者は考える。生成文法や機能文法で考えた方が理解しやすい現象については必要に応じて関係文法の枠内にもそれが取り込まれるべきであって、実際それは可能で、そうすることにより記述そのものが大幅に簡略化できる場合がある。受動文における語彙変形規則（第一章、第七章）、副詞句のコントロールについての談話構造面からの規則（第三章）、倒置文と非人称文についての語順の変換規則（第四章）の導入、他動性の概念を用いた使役文での再帰代名詞の解釈（第六章）などがその例である。

　本書が対象とする言語はフランス語が中心となる。日本語及び部分的にイタリア語についても論じるが、目的はそれぞれの言語における構文の記述であって、単なる比較対照ではない。比較は各言語の特異性を明らかにするための手段であって、出発点にすぎない。ある言語から他言語へ議論の安易な一般化は禁物であって、同じ状況で使われ同じような意味の単語が並んでいるからといって、それが直ちにその文の構造や意味の特性が同じであることを保証するものではない。例えば、フランス語とイタリア語の使役文は極めてよく似ていて、同語源の使役動詞で同じような構文をとるが、不定詞とのつながり方でみれば、一方は文レベルの変形、他方は語彙レベルでの変形が行われているらしいと考えられる根拠がある（第八章）。それぞれの言語に固有の表現形式があって、それ自体はお互い異なるけれども、それらを組み合わせることによって結果として同じような意味を表せる場合がある。本書では、とくにフランス語と日本語の受身的表現と使役的表現をとりあげ、各言語の幾つかの関連する構文についてその特性を明らかにしていく過程で、そこから共通する部分を見出していくという方法をとった（第六章、第七章、第八章）。

　各章は筆者がこれまで学会誌や学位論文などで発表した論文のなかから、使役文と受動文に関わるものを中心に選び、まとめなおしたものである。それぞれの章のもととなった論文は以下のとおりである。第四章、第五章はほぼその

はしがき iii

ままの形でここに再録したが、その他の部分は必要に応じかなりの改変と補足
を行った。とくに第八章の日本語使役文に関する部分は新たに書き加えたもの
である。

第一章：(1990)「関係文法における受動文の解釈について」、『ヨーロッパ文
　　学研究』第 14 号、甲南女子大学フランス文学会、pp. 105-120。
第二章：(1990)「使役構文について――関係文法による構文解釈の試み」、
　　『フランス語学研究』24 号、日本フランス語学研究会。
第三章：(1992)「ジェロンディフ、分詞節等における明示されない主語の解
　　釈について」、『フランス語学研究』第 26 号、pp. 68-76、日本フランス語
　　学会。(1998)「ジェロンディフ、分詞節等における明示されない主語の解
　　釈について・再考」、『フランス語学研究』第 32 号、pp. 23-27、日本フラ
　　ンス語学会。
第四章：(1997)「関係文法におけるフランス語の倒置構文、非人称構文の扱
　　いについて」、pp. 5-22、*Études françaises* 30、大阪外国語大学フランス
　　語研究室。
第五章：(1999)「Postal によるフランス語受動文の解釈について：Paul M.
　　Postal: "A Glance at French Pseudopassive" (1996) への論評」、*Étu-
　　des françaises* 32、大阪外国語大学フランス研究会。
第六章：(2002)「フランス語の受身的解釈を受ける使役文について」、pp.
　　30-37、『フランス語学研究』36。(2005)「フランス語の受身的解釈を受け
　　る使役文における再帰代名詞の役割について」、pp. 1-14、*Études françai-
　　ses* 37、大阪外国語大学フランス研究会。
第七章：(1999) *Cas syntaxique et cas sémantique en français et en ja-
　　ponais Quelques critiques sur la Grammaire Relationnelle*, Thèse de doc-
　　torat, Université Paris VIII, publiée par Les Presses Universitaires
　　du Septentrion, Ch. V.
第八章：(1998)「使役動詞についてのノート――日、仏、伊語の比較から」、
　　『テクストとしてのフランス文化』、pp. 95-116、1996-7 年度特定研究報告
　　書、大阪外国語大学フランス研究会。(1999) *Cas syntaxique et cas sé-*

mantique en français et en japonais Quelques critiques sur la Gram-maire Relationnelle, Thèse de doctorat, Université Paris VIII, publiée par Les Presses Universitaires du Septentrion, Ch. VI.

謝　辞

　本書の刊行にあたり、出版をお勧めいただいた三原健一先生はじめ大阪外国語大学言語社会学会の皆様に厚くお礼申し上げます。本書のもととなった研究に関しては多くの方々から様々なご教示をいただきました。とりわけ、本書で扱った諸問題の基本的な考え方について、筆者の学位論文執筆の際に指導教授として貴重な助言を数多くいただいた故ニコラ・リューヴェ先生、フランス語の例文について筆者の質問に辛抱強くお答え下さった藤平シルヴィー先生はじめ同僚のフランス人教員の方々に深く感謝致します。また、本書の内容に関して日本フランス語学会などで何度か部分的に発表する機会がありましたが、その折にもたくさんの有益なコメントをいただきました。最後に、校正で色々とお世話になった勁草書房編集部の土井美智子さんにお礼申し上げます。

v

目　次

はしがき

第一章　関係文法におけるフランス語の
　　　　受動文の解釈について ……………………………………………3
　　はじめに　3
　　1　受動形態素について　4
　　2　GB 理論との比較　6
　　3　2→1 昇格規則についての疑問　7
　　4　非人称構文の解釈について　7
　　5　非人称要素について　8
　　6　「実主語」について　10
　　7　新たな解決法　13

第二章　フランス語の使役文について ……………………………19
　　1　二つの使役文　19
　　2　二つの文融合規則　20
　　3　文融合規則と文法関係変換規則の分離　25
　　4　使役文の成立条件について　36

第三章　ジェロンディフ等の副詞句における
　　　　明示されない主語の解釈について ……………………………41
　　1　従来の見解　41
　　2　主語以外の要素によるコントロール　42
　　3　LEGENDRE による解決法　44

4　LEGENDRE の解決法における問題点　46

5　非人称構文の場合　49

6　文の主題との関連性　51

第四章　関係文法におけるフランス語の倒置構文、
非人称構文の扱いについて ……………………………………57

はじめに　57

1　従来の見解について　58

2　倒置文について　62

3　「倒置主語」の主語性について　65

4　"en" の文法関係について　67

第五章　POSTAL によるフランス語受動文の解釈について ………73

はじめに　73

1　POSTAL の受動文解釈　74

2　使役受動文の解釈　78

3　問題点　81

第六章　フランス語の受身的解釈を受ける使役文について ………85

はじめに　85

1　受身的使役文の主語の性質、及び問題点　85

2　POSTAL（1996）と WASHIO（1993）　87

3　再帰代名詞と拡大与格の関連　91

4　日本語の場合　94

5　使役文の動作主の形態、および拡大与格について　96

6　拡大与格と日本語の間接受身文　99

第七章　関係文法における日本語受動文の扱いについて …………103

はじめに　103

目　次　　　　　　　　　　vii

  1　直接受動文と間接受動文　103
  2　DUBINSKY による直接受動文の説明　106
  3　DUBINSKY による間接受動文の説明　111
  4　二つの受動文についての再考　115
  おわりに　120

第八章　使役動詞について日、仏、伊語の比較から……………………123
  はじめに　123
  1　日本語の使役文──他の言語との共通性　124
  2　言語間の差異　127
  3　使役受動文について　130
  4　日本語使役文における補文境界の問題　132
  5　日本語使役文の構造　138
  6　使役の助動詞「させる」の自立性について　144
  おわりに　150

参考文献 …………………………………………………………………151
人名索引 …………………………………………………………………157
事項索引 …………………………………………………………………159

viii

凡　例

(1) 例文の容認度の判断は以下のように区別する。
　　＊：容認不可能
　　？：容認するにはやや不自然
(2) 文献表示は（著者名（出版年：該当ページ））と表記している。該当する文献は巻
　　末の参考文献で捜すことができる。
(3) 参考文献は欧文、邦文あわせてアルファベット順とした。
(4) 文法関係の表示は以下のように略記する。
　　1：主語、2：直接目的語、3：間接目的語、P：述語、ch：失業者、obl：斜格

フランス語の統語論研究
関係文法の限界と可能性

第一章　関係文法におけるフランス語の受動文の解釈について

はじめに

POSTAL や PERLMUTTER の一連の論文以来、関係文法において、受動文の構造を説明するために、従来、(1) a に対して、b のような図式が提案されてきた。

(1)　a.　La ville a été détruite par les soldats.

(以下、文法関係は次のように略記する。1: 主語、2: 直接目的語、3: 間接目的語、chô: 失業者、obl: 斜格)

これは一種の変形であるが、かつての生成変形文法で提案されていた次のような次のような規則とは幾つかの点で異なっている。

(2)　NP_1 ー時制素ー V ー NP_2 　→　NP_2 ー時制素ー être ー V ー受動形態素ー par NP_1

まず第一に、変形文法での規則は各要素の語順及び語形の変化を規定するのに対して、関係文法のそれは各要素の持つ文法関係の変化を規定するものである (関係文法においては、語順は、各要素の最終層での文法関係によって定められると考える)。例えば、表層の主語について、変形文法では直接目的語が主語の位置

に「移動」するのに対して、関係文法では直接目的語が主語に「昇格」すると説明する。ただし、フランス語のように語順と文法関係が密接な関係にある言語において、変形の在り方はともかく、各要素の変化のしかたについては、上の受動文派生規則における両者の説明に大きな隔たりがあるわけではない。より基本的な違いは次の点であろう。すなわち、変形文法では各要素の語順及び語形の変化規則が与えられてはいるが、各規則間の関係、つまり各要素のそれぞれの変化がお互いどのような関係にあるかということについては何も述べられていない。一方、関係文法では、受動文生成規則が単なる変形規則の寄せ集めではなく、規則間に因果関係があることを主張する。つまり、基底構造の主語が表層で par NP となるのは、本来 2（直接目的語）であった要素が 1（主語）に昇格することで、同一層内での文法項の二重化を禁止する「層単一の原則」から、本来主語であった要素がその文法関係を失って chô（chômeur、いわゆる失業者）に降格してしまうためであると考える。則ち、2→1 昇格が、本来の主語が失業して par NP となるための必要条件であり、その昇格こそが受動文派生の大前提であると考えるという。

　ある規則をより一般的な規則に還元していくことは、規則を単純化し理論の整合性を高める上で重要な作業である。関係文法における受動文解釈もその試みの一つとして、そのこと自体を評価するのに咎かではない。しかし、当然のことながら、その説明がどれくらい現実の事象に即しているかという問題は十分に吟味されるべきであろう。実は、その解釈、特に 2→1 昇格を受動文派生の第一の必要条件とする考え方について、それを疑問視せざるを得ない事実がいくつかある。以下では、まずその問題点を明らかにして、より合理的な解釈を探っていくことにする。

1 受動形態素について

　派生構造と文の各要素の形態との関連性をどのように示すべきかという基本的な問題から検討していこう。先の派生の図式からも明らかなように、関係文法の図式で表面に現れてくるのは各要素の文法関係及びその変化の過程のみである。能動文から受動文を派生させる場合、述語となる動詞には受動形態素が、

そして、失業者となる名詞句には前置詞が付与される。しかし、派生の図式にはそれら要素の文法関係しか記入されていないのだから、Pやchôといった記号を見ただけでは、それらの要素になぜそのような形態の変化があるのか解らない。それでは、どのような方法でその形態が定められるのか。文構造は基底構造とその文法関係の変化の仕方によって決定される。従って、形態の変化が構造の変化の反映であるなら、形態の変化規則を文法関係のそれに結びつけていくのがもっとも自然な考え方だろう。とすると、受動形態素の出現はどの変化の過程に対応しているのであろうか。

(3) 文法関係の変化：2→1　1→chô

　　　形態の変化　　：V　→　être + Vé,　NP　→　par NP
　　　　　　　　　　　P　　　　P　　　　1　　　　　chô

既に述べたように、1→chô 降格は 2→1 昇格を前提としている。従って形態の変化はその昇格に由来すると、一見、思われるかもしれない。ところが実はそうではない。2→1 昇格が起こるのは受動文には限らない。反対格動詞の場合にも同様な昇格が起こる。反対格動詞とは、arriver、exister、tomber、venir など、意味的には物の出現、移動等による状況の変化あるいは存在をあらわし、いわゆる動作主が文法項として現れない動詞である。「反対格仮説」によれば、これらの動詞は基底構造では主語を持たず、表層で主語となる要素は基底ではまず 2 の関係を持ち、それが 1 に昇格する。

(4) a.　Beaucoup d'idées lui sont venues.

　　　b.　(層1)　　　P　　　　　　2　　　　　　　3
　　　　　(層2)　　　P　　　　　　1　　　　　　　3
　　　　　　　　　venir　　beaucoup d'idées　　lui
　　　　　　　　　　　　　　　(LEGENDRE (1990: 97) による)

しかし、これらの動詞は受身にはならない。従って、2→1 昇格を述語の形態の変化に連係させることはできない。

　何故、反対格動詞は受身にはならないのだろうか。PERLMUTTER & POS-

TAL (1984) によれば (p. 96)、2→1 昇格は受動文成立のための必要条件ではあるが十分条件ではない、十分になるためには、その昇格が起こる層が "transitif" であること、つまり 1 および 2 を持つことがさらに必要であるという。彼らの説明はやはり反対格昇格の存在を意識したものであるが、仮定されている枠組みからは当然の帰結であろう。つまり、述語の項構造が 1 を下位範疇化するかどうかによって、受動形態素が現れるかどうかが決定される。この説明に従えば、受動形態素は 2→1 昇格ではなく、1 の存在を前提として、2→1 昇格によって引き起こされる 1→chô 降格の過程で現れることになる。

だが、これはその前提から考えてみれば奇妙な結果である。受動文派生の基本となるはずの 2→1 昇格が、実は反対格昇格と同じものであり、しかも受動文であることの証であるはずの受動形態素が、その昇格によってではなく、それから副次的に別の降格の過程で現れるというのである。

2 GB 理論との比較

ただし、前提とのずれはともかくとして、この結論自体は、CHOMSKY (1981)、JAEGGLI (1986) その他において従来から GB 理論で示されてきた受動文のそれとある程度まで一致する。GB 理論の考え方は、ごく簡単に言ってしまえば、受動形態素が主語 θ 役割の実現を阻止することによって、主語の位置が空になるというものである。つまり、受動文は能動文から文変形で派生するのではなく、動詞に受動形態素が付与されることでその項構造が変化するという語彙レベルの変形によって生成される（この場合、par NP は主語が変化したものではなく、副詞句であると考えられている)。そして、主語の位置が空になることで、その結果として、本来の直接目的語が主語の位置に移動する。従って基底構造は次のようになる。

(5)　ϕ　V (passif) NP par NP

しかし、すでに明らかであろうが、受動形態素の存在と基底構造での主語の消去を連係させている点では関係文法と共通しているものの、それと 2→1 昇格との因果関係については全く逆になっている。どちらの説明が現実に即してい

るかという問題は、当然、議論の対象となろう。

3 2→1昇格規則についての疑問

はたして2→1昇格は、関係文法で言うように、受動文の派生に本当に必要な条件なのだろうか。実は、その昇格の存在を疑わせるような構文が存在する。受動文は非人称にもなれる。その場合、表層での主語は "il" なのだから、本来の直接目的語は少なくとも表層では1ではない。次のような例では、本来の直接目的語は、昇格の起こらないまま、もとの位置にとどまっているように見える。

(6) a. Il a été mangé dix tonnes de riz en France depuis un mois.
b. Il a été placé des chandelles sur toutes les cheminées.

また、反能格動詞（反対格動詞とは違って動作主名詞句を主語にとり、それが第1層から主語の1の文法関係を持つ自動詞）のいくつかも非人称受動文になることがある。反能格動詞はもともと直接目的語を持たないから、2→1昇格が起こる要素はないはずである。

(7) a. Il a été beaucoup dansé.　(RIVIÈRE: 43)
b. Il a enfin été procédé au réexamen de cette question (par tous les membres du comité).　(LEGENDRE (1990: 82))

これらの例からは、受動形態素の存在が2→1昇格規則とは無関係であるように見える。

しかしそれらの構文が関係文法で無視されてきたというのではない。それらがどのように扱われてきたのか、従来の方法の問題点をより鮮明にするために、その具体的な分析例を次に検討してみることにしよう。

4 非人称構文の解釈について

従来の考え方をそのまま使って非人称受動文の構造の解明を試みた例として、

LEGENDRE（1988, 1990）をとりあげる。そこでは、述語が他動詞か反対格自動詞かによって次のように二つの異なる派生が仮定されている。

(8)　a.　Il a été découvert plusieurs cadavres dans son jardin.

　　b.

（層1）		P	1	2
（層2）		P	chô	1
（層3）	1	P	chô	chô
	il	découvrir	(non-spécifié)	plusieurs cadavres

(9)　a.　Il a enfin été procédé au réexamen de cette question（par tous les membres du comité）.

　　b.

（層1）		P	1	obl
（層2）	2	P	1	obl
（層3）	1	P	chô	obl
	il	procéder	tous les membres	au réexamen

ここで注目したいのは非人称主語と動詞の右に置かれる名詞句、いわゆる「実主語」の解釈である。

5　非人称要素について

　まず、非人称主語の問題から考えてみよう。上の派生では、非人称の "il" が、述語が他動詞の場合は1として最終層で導入されるのに対して、述語が反能格動詞の場合は第2層で2として導入される。これについての LEGENDRE の説明は次のとおりである。則ち、反能格自動詞は本来直接目的語を持たないので、2→1昇格を受動文派生の必要条件と考える以上、受動文が可能になるためには2となる要素を外部から導入せざるを得ない。そして、その要素は1に昇格するはずである。従って (8) の場合、その要素は表層の "il" 以外ではありえない。これは仮定された枠組みからは当然の結果なのかもしれない。

　しかし、この解決法には次のような疑問が生じる。まず第一に、フランス語

では非人称要素は表層で主格の形でしか存在しない。その非人称要素が2の関係を持ち得るということを、どのようにして正当化できるのであろうか。確かに、音形を持たない要素を理論の必要性から導入すること自体はそれほど珍しいことではない。例えば、生成文法で使われている PRO などはその典型であろう。しかし、非人称要素と PRO は、その存在意義において根本的に異なっているように思われる。PRO が一般に受け入れられているのは、それが例えば不定詞等の形成する節の主語として統語構造や意味の上から何らかの実体を仮定し得る要素として扱われているからである。それに対して、非人称の "il" は意味上空であり、他の要素との照応関係が PRO のように想定できるようなものではない。また、それを自動詞の「直接目的語」として導入するとはいっても、述語の本来の構造には全く不要な要素であり、単に変形規則を適用するために便宜上使われるに過ぎない。そのことは、上の派生で非人称要素が導入されるのが第2層からであることより明らかである。また、非人称受動文で非人称要素の導入が受動変形規則の一部として常に必要不可欠というのでもない。述語が他動詞の非人称受動文の場合には、非人称要素は2ではなく1として最終層で導入されているからである。要するに、非人称要素を2として導入するのは、反能格動詞を述語とする基底構造から2→1昇格を可能にするために付け足された ad hoc な規則に過ぎないのである。

　従来生成文法では、非人称の "il" は外置変形等で空になった主語の位置を埋める要素と一般に考えられてきた。つまり名詞句の移動が先にあって、その結果として空になった位置に "il" が挿入されるという仕組みである。ところが上の派生では逆のことが起こる。つまり、(8) では非人称要素が1として導入された結果、本来の主語名詞句が失業者になって動詞に後置される。また (9) でも、2として導入された非人称要素が1に昇格した結果、本来の主語名詞句が失業者になる。しかし、もし非人称要素が表層で空の位置を埋めるだけではなく、他の要素に影響を与えるほどの実体を持っているのであれば、本来非人称でしか使われない構文の場合でさえ、主格の形でしか現れないのはどうしてなのだろうか。例えば、次の例を比較されたい。

(10)　Il court. → Je l'ai vu courir.

Il a plu. → Je（*l'）ai vu pleuvoir.

Il est étonnant que S → Je（*le）trouve étonnant que S

(KAYNE (1977: 223))

これらはやはり、非人称要素が派生の過程でいかなる実体をも持たないことを示しているのではないか。また、LEGENDRE の派生図では、非人称要素で他の要素を失業することになっているけれども、その失業させられたはずの要素が、本当に文法関係を失っているのかどうかも、実は疑わしいのである。

6 「実主語」について

ここで、動詞の右に置かれる名詞句、いわゆる「実主語」の文法関係について考えてみよう。先に派生に従えば、「実主語」は非人称主語によって失業者となる。LEGENDRE (1990) によれば、非人称構文において、表層で動詞に後置される名詞句はすべて同様の過程を経て失業者になるという。これは述語が反対格動詞の非人称文の場合も同様であり、次のような派生が提示されている。

(11)　a.　Il est arrivé trois femmes.　（反対格動詞）

b.

（層1）		P	2
（層2）		P	1
（層3）	1	P	chô
	il	arriver	trois femmes

(12)　a.(??)Il dormait un chat dans le coin de la pièce.　（反能格動詞）

b.

（層1）		P	1	obl
（層2）		P	2	obl
（層3）	2	P	chô	obl
（層4）	1	P	chô	obl
	il	dormir	un chat	dans le coin de la pièce

しかし、「実主語」が失業していることを、実際どのようにして証明できるのであろうか。PERLMUTTER & ZAENEN（1984）にドイツ語とオランダ語の非人称構文に関して同様な派生が提案されているけれども、その議論がそのまま検証なしにフランス語に当てはまるという保証はどこにもない。LEGEN-DRE の議論の中にも、その論拠となり得るような具体的な事象は何も示されていないのである。

　「実主語」は確かに表層で主語でないのはそのとおりであるけれども、単に文法関係を失っているということではすまされない別の性質がある。非人称構文の「実主語」が他動詞の直接目的語といくつかの性質を共有していることは従来からよく知られている。例えば、朝倉（1981）では、その名詞句が直接目的語と同じ位置にあることに加えて、①不定、部分冠詞が否定文で de になる、②代名詞 en が使える、③直接目的格の疑問詞 que が使われることが指摘されている。

(13)　a.　Il arrive beaucoup d'invités.

　　　b.　Il n'arrive pas d'invités.

　　　c.　En ce moment, des gens, il en arrive beaucoup.　(RIVIÈRE: 29)

　　　d.　Que serait-il arrivé si j'avais accepté?　（朝倉：263）

これらの性質は非人称受動文の場合にも同様に認められる。

(14)　a.　Il a été mangé beaucoup de steaks pendant cette fête.

　　　b.　Il n'a pas été mangé de steaks pendant cette fête.

　　　c.　Il en a été mangé beaucoup pendant cette fête.

　　　d.　Qu'a-t-il été mangé pendant cette fête?

従って、「実主語」は失業者よりも、直接目的語として機能していると考えた方がこれらの事象をはるかに自然に解釈できるのではないか。また、これらの性質は関係文法においても、反対格動詞の主語が直接目的語の性質を持っていることを裏付ける重要な根拠ともなっているはずである。

　確かに、一般の直接目的語とは異なるところはある。まず、定名詞句にはなりにくい。

(15)　*Il est arrivé les trois femmes.

これはしかし、形態ではなく、意味上の制約である。次のように前方照応の限定詞は使えないが、後方照応的なものであれば問題なく使うことができる。

(16)　a.　*Il arriva l'histoire.
　　　b.　Il arriva l'histoire suivante: ...
　　　c.　Il arriva l'histoire que tu sais.
　　　d.　Il arriva l'histoire du siècle.　　　　　　　(NIQUE: 148)

これは、東郷・大木（1987）に言われているように、「実主語」となる名詞句の脱テーム化という非人称構文の談話機能からくるものと考えられる。「失業者」という概念で説明できる性質のものではない。東郷・大木はまた、「実主語」が一般に関係節の先行詞にならないことを指摘している。

(17)　*Trois lettres qu'il m'est arrivé.　（東郷・大木：9）

これも、やはり、談話機能からの説明が可能であろう。問題の名詞句の脱テーム化が非人称構文の役割であるならば、それが節の前に先行詞として現れないのはむしろ自然だからである。実際、次の例における "ce" のように、それ自体が後置される節の内容をまるごと参照する、後方照応的なものに限って先行詞になることができる。

(18)　Et vous savez tous ce qu'il est ensuite advenu.　（朝倉：265）

従って、それが統語上の制約でないことは明らかである。

　それに次のような事実もある。仮に LEGENDRE のいうように非人称の "il" が 1 として導入されることで、もとある主語が失業者になるのだとすると、述語が直接目的語を持とうが持つまいが、それには何の影響もないはずだから、どのような構文であっても非人称に変えることができるはずである。ところが、実際は、非人称になれるのは述語が直接目的語を持たない場合に限られてしまう。

(19)　a.　Il mange chaque jour une dizaine de personnes dans ce restaurant.

b. *Il mange chaque jour des steaks une dizaine de personnes
dans ce restaurant.　　　　　　　　　　　　(RIVIÈRE: 27)

代名動詞の場合も、再帰代名詞が直接目的語として機能する場合には、やはり
非人称にはならない。

(20)　a.　Il s'est vendu deux de tes livres ce matin.

b. *Il se battait deux enfants dans la cour.

c. *Il s'est vu dans la glace.　　　　　　　(東郷・大木：1987)

これらは、動詞の右に位置する「実主語」が直接目的語であることを認めれば、
文法項の二重化を禁止する「層単一の原則」から自然に説明できるようになる。
　以上より、非人称要素が「実主語」を失業させると言う LEGENDRE の説
明が受け入れ難いものであることは明らかであろう。やはり従来どおり、非人
称要素は空になった主語位置を表層で単に補うものでしかないと考えるべきで
ある。とすれば、それが、派生の過程で2の関係を持つなどということもない。
従って、(9) の反能格動詞を述語にとる非人称受動文の場合には、2→1 昇格
は存在しないことになる。よって、2→1 昇格は受動文生成のための必要条件
ではない。

7　新たな解決法

　それでは受動構文をどのように理解すればよいのだろうか。前章での観察の
結果をまとめると次のようになる。

① 　2→1 昇格は受動文派生の必要条件ではない。

② 　非人称構文の「実主語」は表層で2の関係を持つ。

③ 　非人称 "il" は表層で主語の位置が空になったときにそれを埋めるために
現れる要素であり、それ以外の派生には関与しない。

ここで、受動形態素の問題をもう一度考えてみよう。受動形態素が1の消去と

連係しているのは間違いないが、問題は、本来の主語と表層の par NP との関連である。従来の考え方では、1→chô 降格は 2→1 昇格を前提としていた。よってその昇格が必要でなくなってしまえば、1→chô 降格も必要なくなるはずである。

1 の要素が失業するには、別の要素が同一節内で 1 に昇格するか、あるいは節外から上昇してくる必要がある。人称受動文では確かにそうなるが、先に見たように、非人称受動文の場合にはそのような要素は存在しないはずである。従って、表層における par NP は失業者ではない。とすれば、一般の前置詞句と同じように、それには斜格が与えられるはずである。ところが関係文法では、文法項から斜格への降格を一般に禁止する規則がある (PERLMUTTER & POSTAL (1983: 90))。もし主語から斜格への降格を考えることができないとすれば、本来の主語と par NP の関係をどのように規定すればよいのだろうか。

我々の解決案は、受動変形を、述語の項構造から主語を消去する語彙変形として規定するという方法である。

(21)　　V: [1 P (2)...] ⇨V': [ø P (2)...]

つまり、受動文の述語は主語を本来持たない反対格動詞と同じ構文であり、受動変形を、他動詞、反能格動詞の反対格動詞化と考えるということである。受動形態素はその変形の標識とみなすことができる。受動文には本来の主語がないということであるから、par NP は主語から変化した要素ではあり得ない。よって、par NP は動作主等を明示するための副詞的な要素であると考えよう。文法関係は、当然、斜格が与えられることになる。この解決案は、先に照会した GB 理論のそれに類似したものである。

受動構文をそのように規定することで、反対格動詞や、既に受動化されている述語をさらにもう一度受身にできないことが、項構造における主語の不在という、述語の項構造そのものの在り方から説明できるようにもなる。

人称受動文の場合に 2→1 昇格が起こることは明らかであるが、非人称受動文の場合はどうであろうか。「実主語」が初層と最終層で 2 の関係をとることは既に見たとおりであるが、その間の派生がどのようになっているのか、少なくとも次の二通りの考え方ができるだろう。

① 主語に昇格することなくもとの関係を基底から表層まで持ち続ける。

② 2→1 昇格の後、再び 2 に降格する。

第二案は、人称非人称を問わず、受動文では必ず 2→1 昇格が起こり、非人称文になると、その昇格した要素が再び降格されるという考え方である。ここで問題になるのは、そのような降格規則を認めるかどうかより、「実主語」に、その派生の過程で現れるはずの主語としての性格が本当に認められるかどうかということであろう。先に検討した LEGENDRE の説明では、その派生の過程で、実は第二案と同じような仕組みが想定されていた。LEGENDRE は主語性を示す根拠として、ジェロンディフなどの副詞句のコントロールをあげているのであるが、非人称文の「実主語」には一般にそれが認められない。

(22) *Devant la mairie, il passait un ivrogne en fredonnant. （東郷・大木 (1987 : 10)）

副詞句のコントロール自体が主語性と直接に結びついた統語構造レベルでの現象なのかどうかも疑わしいところがある（このことに関しては第三章で論じる）。以上のような理由から、こちらの派生は考えにくいのである。また次のような事実もある。obéir や pardonner のように、補語として直接目的語ではなく間接目的語をとる動詞で、例外的に受動文になるものがある。それらの動詞で非人称受動文を作ると、「実主語」は、能動文の補語であったときと同じ、前置詞付きの間接目的語の形で現れる。

(23) a. Beaucoup de parents sont (dés) obéis (par leurs enfants).

b. *Il est (dés) obéi beaucoup de parents (par leurs enfants).

c. Beaucoup de criminels seront pardonnés cette année.

d. ?Il sera pardonné beaucoup de criminels cette année.
(KAYNE (1977 : 234))

(24) a. Il a été obéi au capitaine. (POSTAL (1982 : 357))

b. Il a souvent été pardonné à de grands criminels de guerre.
(LEGENDRE (1990 : 85))

第二案だと、1→2降格とは別に1→3降格をも設定しなければならない。それに対して、第一案でこれらの文については別に非人称受動文で「実主語」の文法関係の変化を認めなければ、その事実は自動的に説明される。以上の理由から、第一案の方がより合理的であると考えられるのである [1]。

以上の本論の提案に従って、先に紹介した例文の派生過程を見直せば、次のとおりになる。

まず、他動詞、反能格動詞の非人称受動文については、本来の直接目的語は表層までその文法関係を保ち続ける。また、非人称要素 "il" については、最終層で空の主語を補う要素として導入される。

(25) a. Il a été découvert plusieurs victimes dans son jardin. (= (8))

b. (層1)　　　　　　　　P　　　　　　　　2

(層2)　1　　　　　　P　　　　　　　2

il　　être découvert　　plusieurs victimes

(26) a. Il a enfin été procédé au réexamen de cette question (par tous les membres du comité). (= (9))

b. (層1)　　　　　P　　　　　obl　　　　　obl

(層2)　1　　　　P　　　　　obl　　　　　obl

il　être procédé　par tous les membres　au réexamen

反対格動詞による非人称文の非人称要素についても同様である。

(27) a. Il est arrivé trois femmes. (= (11))

---

(1) 我々の解決法は BRESNAN (1982, 1990) によって語彙機能文法の枠組みで示されたそれと部分的には重なるものである。BRESNAN もまた、受身を、外項を消去し直接目的語の機能を持つ項を主語へと昇格させる語彙レベルでの変形と考えている。ただし、BRESNAN の理論においては、主語相当名詞は、文法関係の変換や語順の移動ではなく「意味役割」と直接に結びつけられており、人称、非人称の区別をそれ自体でつけることは難しい。(23)、(24) や非人称文については、意味役割に関する規則とは別の、語順、あるいは第二案のような文法関係に関する規則が必要となる。我々の解決法は、一番目の案による解決法をとることで、非人称文を人称文派生の一過程に位置付けることができるのである。

b. （層1）　　　　　　　P　　　　　　2
　　（層2）　　1　　　　P　　　　　　2
　　　　　　il　　arriver　　trois femmes

　受身ではない反能格動詞による非人称文はどのように考えればよいのであろうか。その場合にも、先の受動変形とは同じではないが、主語項に関して次のような語彙変形を想定することができるように思われる。

(28)　V: [1ᵢ P...] ⇨ V': [ø　P　2ᵢ ...]

主語項の消去ということでは、受動変形と同様にこちらも「反対格動詞化」であるが、違うのは、受動変形のように主語項が全く消去されてしまうのではなくて、そのかわりに直接目的語の項を付加するという点である。このような変形を提案する理由として、次のようなことがある。東郷・大木（1987）などの指摘にあるように、反能格動詞は人称文と比べて、非人称になると「実主語」の動作主性や意図性が薄れてしまって、具体的な行為よりも、単なる状況記述や状態の変化などが意味として出てきやすくなる。

(29)　a.(i)　?Il régnait un roi sadique dans ce pays.
　　　a.(ii)　Il régnait une chaleur accablante dans la salle.
　　　b.(i)　?Il s'est évanoui deux dames.
　　　b.(ii)　Il s'est évanoui une partie de mes illusions.　（東郷・大木
　　　　　　(1987 : 12)）
　　　c.(i)　?Il flottait des drapeaux.
　　　c.(ii)　Il flottait un air de fête.
　　　d.　　Il dansait des étudiants dans cette salle.
　　　　　　(＝il y avait des étudiants qui dansaient dans cette salle.)

主語名詞句は意味役割的には「動作主」と結びつきやすく、談話においては「主題」と解釈されやすい名詞句であるが、それらの解釈を阻止する一つの手段として、「非人称化」のような変形操作があるのだと考えられるのではないだろうか。また、他動詞は非人称にならないことは周知の事実であるが、その

変形を仮定することでやはり説明がつくように思われる。

(30)　Il mange chaque jour une dizaine de personnes dans ce restau-
rant.
　　＊Il mange chaque jour des steaks une dizaine de personnes dans
ce restaurant.　　　　　　　　　　　　　　　　　(RIVIÈRE: 27)

他動詞に同様な語彙変形を行えば次のようになり、述語が項として2（直接目
的語）を二つ持つことになり、一般原則に違反するということである。

(31)　V: [1ᵢ P 2ⱼ ...] ⇨ *V': [ø P 2ᵢ 2ⱼ ...]

この他動詞の制約については、1→2降格が「層単一の原則」に違反するとい
う、文レベルでの説明も勿論可能である。

　ただし、先に述べた反能格動詞による非人称文と反対格動詞のそれとの意味
的な近接性については、ここではまだ予想の段階であって、さらにこれからの
検討が必要である。

第二章　フランス語の使役文について

1　二つの使役文

　現代フランス語には、faire＋不定詞の形をした使役文で、構造的、意味的に異なる二つのタイプの構文がある。

(1)　NP faire V... (à) NP　(以下、FA と略記)
　　　NP faire V... par NP　(以下、FP と略記)

これらについて、関係文法では「文融合」(Clause Union) という概念を用いて既にいくつかの提案がなされてきたが、従来の説明の一般的な考え方はおおよそ次のようなものである。すなわち、これら二構文との表層での性格の違いとは無関係に、両者に共通した次のような基底構造があり、

(2)　S: NP　faire [NP　V　NP　à NP...]
　　　　　1　　P　　1　　P　2　　3
　　　(1: 主語、2: 直接目的語、3: 間接目的語、P: 述語。以下同様に略記)

その補文境界を取り除き、同時に補文構成要素の文法関係に何らかの変換規則を適用することで、FA 及び FP の二構文がそれぞれ生成されるという考え方である。同一の基底構造を仮定してきたのはもちろんそれなりの理由があることであって、確かに、FA、FP で一見類似した構造と意味を持っているように思われる場合がある。

(3)　a.　Pierre a fait écrire une lettre à Marie.

b. Pierre a fait écrire une lettre par Marie.

ただし、FA で成立している文が常に FP に置き換えられるわけではないし、その逆の場合もある。

(4) a. Pierre a fait courir Luc.

b. *Pierre a fait courir par Luc.

c. *Pierre a fait matraquer ce garçon à Jean.

d. Pierre a fait matraquer ce garçon par Jean.

もし上の図式に従うのであれば、その差異を、派生規則や意味レベルでの差異に還元せざるを得ないということになる。しかし、名詞句の文法関係や照応関係に関して、両構文にはそれだけでは説明のつけにくい構造上の違いがある。以下では、その事実を明らかにした上で、従来の考え方とは逆に、むしろそれら二構文にそれぞれ独立した基底の構造を考えた方が、表層での特徴をより合理的に解釈できることを示していきたいと思う。

2 二つの文融合規則

問題点を明らかにするために、単一基底構造の考え方が明瞭に示された坂原 (1985) における二つの文融合規則を検討することから始めよう。

(5) 規則1：補文が他動詞のときその主語は間接目的語に、他動詞の直接目的語及び自動詞の主語は直接目的語になる。

(6) a. Il a fait avaler la salade au lapin.

←il a fait［le lapin avaler la salade］

b. Jean a fait courir Marie.

←Jean a fait［Marie courir］

(7) 規則2：補文で文法関係 R を持つ要素は R を持ち続ける。ただし、その要素が文法項（すなわち、主語、直接目的語、間接目的語）で、かつ主文に既に R を持っている別の要素がある場合には、その補文の要素は

第二章　フランス語の使役文について　　21

失業者 (chômeur) となり、R という文法関係を失ってしまう。

(8)　Marie fera tuer son mari par son amant.

　　←Marie fera [son amant tuer son mari]

　　　（ここでは "par NP" という形で失業者であることが示される）

いずれの規則も、主文と補文で文法関係が重なってしまう場合にどうなるのか
を述べたものであり、その基本的な構図は明らかであろう [1]。

　　FA　←　S　→　FP

　　（規則 1）（規則 2）

規則 1 の内容自体は伝統文法でも従来より指摘されてきたし、関係文法におい
ても、PERLMUTTER らによって、様々な言語における使役構文の一般的な

---

[1]　KAYNE (1977: ch. 4. 3) によって示された「特定主語条件」を使った説明ではそれらの事象
　を部分的にしか説明できない。KAYNE はまず次のような変形を提案する。
　　(i)　faire [$_S$ NP V PP] → ... faire V [$_S$ NP PP].
　そして、(ii) 文は (iii) の派生になるという。
　　(ii)　Cela fera téléphoner ce garçon à ses parents.
　　(iii)　cela fera [$_S$ ce garçon téléphoner à ses parents]
　　　　　→cela fera téléphoner [$_S$ ce garçon à ses parents]
　不定詞が主文に繰り上がり、その補語は補文の中に残されるが、補文主語以外の要素はその補文主
　語の存在によって左側に移動できなくなり、それが接辞にできない原因なのだという。
　　(iv)　a.　Cela le fera téléphoner à ses parents.
　　　　　b. *Cela leur fera téléphoner ce garçon.
　しかしこの説明には問題が多い。例えば、不定詞が他動詞のときその直接目的語は接辞代名詞にな
　ることができる。
　　これについて、KAYNE (p. 271) は、補文が前置詞なしの目的語を持つときにはそれが動詞と
　いっしょに移動するからだという。
　　(v)　... faire [$_S$ NP$_a$ V NP$_b$ (PP)] → ... faire V NPb [$_S$ NP$_a$ (PP)].
　しかしなぜ直接目的語の場合に限ってそうなるのかの説明はない。仮にそれを認めたとしてもさら
　に大きな問題が残る。何度も指摘されてきたように（例えば BURZIO: ch. 4）接辞になれないの
　は間接目的語だけなのであって、他の前置詞句にはそのような制約は見られないのである。
　　(vi)　Cela y fait penser tout le monde.
　　　　　On essaiera d'en faire parler ton ami.　(BURZIO: 244)
　また、補文境界の存在にもかかわらず、何故、補文主語が移動できて、しかも主文の目的語として
　機能するのかということについても、「例外的格付与」という意味不明の規則を設定するだけです
　まされている。文融合による説明を使えば、それら恣意的な規則をかなりの部分排除できるように
　なるのである。

22

規則として以前から提案されてきたものである。ただ、この規則は各要素の文法関係がどのように変化するかが記述されているだけで、何故そのような変化が起こるのか、その理由は全く明らかではないし、少なくともフランス語に関しては次の二点において不十分である。

(9) a. もうひとつ別の規則が必要になる場合がある。
　　 b. FA にはその規則では説明不可能な別のタイプの文が存在する

まず第一は、FA では補文の間接目的語が表層で接辞代名詞になれないということをどのように説明するかという問題である。例えば、次の文、"Marie" は接辞代名詞にできるが、"à Jean" についてはそうではない。

(10) a. Pierre a fait téléphoner Marie à Jean.
　　 b. Pierre *l'*a fait téléphoner à Jean.
　　 c. *Pierre *lui* a fait téléphoner Marie.

この現象は FA の構文、つまり被使役者が (à) NP で表わされるときに常に観察される。例えば、次の文では "lui" は被使役者としてしか解釈されず、"à Jean" との間で文意が曖昧になることはない。

(11) Pierre lui a fait écrire cette lettre à Jean.
　　 ← Pierre a fait [il écrire cette lettre à Jean]
　　 ← *Pierre a fait [Jean écrire une lettre à lui]

被使役者が par NP で表わされる場合にはそのような制約はなく、次に見るように補文の間接目的語は表層で問題なく接辞代名詞になれる。

(12) Pierre lui a fait écrire cette lettre par Jean.
　　 ←Pierre a fait [Jean écrire cette lettre à lui]

このような制約は FA において、補文の間接目的語においてのみ見られることであって、斜格にそのようなことは起こらない。

(13) a. Cela *y* fera aller Jean.

b. On essaiera d'*en* faire parler ton ami.

それでは、この現象をどのように説明すればよいのだろうか。(11) のように
補文述語が他動詞のときはその主語は表層では間接目的語になる。補文に間接
目的語があった場合、同一の文法関係を持つ項の二重化を禁止する「層単一の
原則」によって、補文の間接目的語が失業してしまい、その結果接辞代名詞に
はなれないのだと説明できる。しかし、(10) のように補文述語が自動詞の場
合には、補文主語は直接目的語になるのだから、補文の間接目的語には影響が
ないはずである。それにもかかわらず、接辞代名詞にはならない。これを失業
原則で説明しようとすれば、規則1にもうひとつ補助の規則を付け足さざるを
得ない。

(14) 規則3：規則1の適用により補文の間接目的語は失業する。

しかし、規則1の文法関係の変化も含めて、何故そのような変化が起こるのか
説明できなければ、規則自体が単なる事実の言い換えに過ぎないということに
なってしまうだろう。
　二番目の問題は、(15) のように規則1に従っていると考えられる文と並ん
で、(16) のような文が存在することである。

(15) a. Pierre *l*'a fait téléphoner à Jean.

b. Je *les* ai fait écrire à Marie.

c. Cela *le* fera voter pour vous.

(16) a. Pierre *lui* a fait téléphoner à Jean.

b. Je *leur* ai fait écrire à Marie.

c. Cela *lui* fera voter pour vous.

不定詞が自動詞であるにもかかわらず、これらの文は被使役者が直接目的語で
はなく間接目的語の形で現れる。ここでも "lui"（または "leur"）は被使役者と
しか理解されず、"à NP" との間で解釈の曖昧さは生じない。つまり、これら
の文でも補文の間接目的語は接辞にはなれず、おそらく失業していて、先の
(11) と類似した構文を持っていると考えられる。しかし、規則1からこれら

の文を導くことはおろか、その関連性をも示すことが出来ない。

　次に規則2を検討してみよう。規則に指示されているのは、補文を構成している各要素について、それが担っている文法関係が文融合の後もそのまま引き継がれるのが原則ではあるが、もし仮に主文に補文と同じ文法関係を持っているものがあれば、主文にある要素の方が優先される（つまり、主文の要素は文法項のままだが、補文のそれは文法項としての機能を失ってしまう）という、直感的にも受け入れ易い内容であろう。しかし、やはり、いくつかの疑問が残る。まず、(2) の構造にこの規則が適用されてFPになるのだとすると、この考えの前提となるのは、補文主語から失業した要素は "par NP" の形で表層に現れるということであるが、これをどのように説明するのか、そして、それも含めて、次に見るようなFPと受動構文との関連をこの規則だけで説明できるのかという問題である。ある文に受動変形が可能かどうかが、その文を補文としてFPの構文をとれるかどうかの一つの目安になることは既に幾度となく指摘されてきた。例えば、次はKAYNE (1975) からの引用であるが、(17) は主語で示された人間の身体部分を直接目的語が表す場合、(18) は慣用表現を含んでいる場合で、いずれも意味に大きな変化を生じさせることなしには受動変形を行うことが出来ず、同時に、それを補文とするFAは可能だが、FPは阻止されてしまう。

(17) a. Jean lèvera la main.
　　　b. *La main sera levée par Jean.
　　　c. Elle fera lever la main {à/*par} Jean.
(18) a. Sa famille a cassé la croûte.
　　　b. *La croûte a été cassée par sa famille.
　　　c. Il a fait casser la croûte {à/*par} sa famille.
　　　　←il a fait [sa famille casser la croûte]

次の例は所有形容詞の照応関係が受動文にすると変化してしまう場合であるが、同様の相違がFAとFPの間で観察される。

第二章 フランス語の使役文について　　25

(19)　a.　Jean apprendra son rôle.　(Jean＝son)

　　　b.　Son rôle sera appris par Jean.　(Jean≠son)

(20)　a.　Tu feras apprendre son rôle par Jean.　(Jean≠son)

　　　b.　Tu feras apprendre son rôle à Jean.　(Jean＝son)

そして、受動文で動作主をマークする前置詞 par/de は FP でそのままの形で引き継がれる。

(21)　a.　Marie est haïe {de/par} tout le monde.

　　　b.　Marie est arrivée à se faire haïr {de/par} tout le monde.

(22)　a.　Jean sera tué {par/*de} ce garçon.

　　　b.　Jean se fera tuer {par/*de} ce garçon.

これら FP と受動文との対応を示すデータを考慮すれば、二つの構文の間に構造上何らかの関連性が示されてしかるべきであろう。

3　文融合規則と文法関係変換規則の分離

　以上が二つの文融合規則の問題点であるが、FP と受動文の関連性をどのように示すことができるかというところから考えていこう。(2) の基底構造から出発して、今観察したような受動文との関連をも示そうとすれば、受動構文を FP の派生過程のどこかに組み込まざるを得ない。しかし、どのようにしてそれが可能になるのだろうか。まず、坂原自身も指摘しているが、初期の変形文法流の次のような変形規則をそのままの形で導入することができないのは明らかである。

(23)　NP_1 V NP_2 …　⇨　NP_2 V … par NP_1

例えば次のような例を考えてみよう。

(24)　a.　Je ferai envoyer cette lettre à Pierre par Luc.

b.   (層1) 1 P [P   2   3   1] (←受動変形)

      (層2) 1 P [P   1   3 chô] (←規則1及び3)

      (層3) 1 P   P   2   chô chô

      je ferai envoyer cette lettre Pierre Luc

c.   (層1) 1 P [P   2   3   1] (←受動変形)

      (層2) 1 P [P   1   3 chô] (←規則2)

      (層3) 1 P   P' chô   3   chô

      je ferai envoyer cette lettre Pierre Luc

いずれの場合も満足のいく派生ではない。規則1を適用した場合には補文の間接目的語が失業してしまうし、規則2を適用した場合には補文の直接目的語が失業してしまう。ところが、"cette lettre"、"à Pierre" のどちらの名詞句も接辞になることができ文法関係を失っているとは考えられない。

(25)   a. Je *la* ferai envoyer à Pierre par Luc.

      b. Je *lui* ferai envoyer cette lettre par Luc.

もっとも、この派生が正しくないのは、補文主語と被使役者の関係を考えればある程度は予想のつくことである。最初に出した例でまず問題になったのはFA と FP の違いをどのように規定するかということである。規則1、2が立てられたのも、補文主語である被使役者がどのような形で表層に実現されるのかということがまずその目的であった。ところが、上の (24) の派生では、補文主語は規則1、2が適用される文融合以前の段階で既に失業してしまっており、補文の目的語にのみ文法関係の変化が起こっているのである。動作主が文法項であらわれないのは受動文に限られず、術語として parvenir などのいわゆる反対格動詞をとる場合も共通していることであるが、実際それらの動詞を不定詞とする使役文について、同じような問題が生じる。

　例えば、次のような文を考えた場合に、補文で以下のような構造を考えてしまうとやはり、どちらの規則も適用できない。

(26)   a. Je ferai parvenir *ce document à Jean.*

第二章　フランス語の使役文について　　27

　　　←je ferai［ce document　　parvenir　à　　Jean］
　　　　　　　　　　1　　　　　　　　　　P　　　　3
　　b.　Je *le lui* ferai parvenir.

この文でもやはりすべての目的語を接辞にすることができるが、規則1は補文
間接目的語を失業させ、規則2は補文主語を失業させてしまうからである。
　つまり、逆に考えれば、(2) の基底構造を前提とする以上、規則1、2は補
文主語が動作主（＝被使役者）の場合のみしか有効ではないということになる。
それ以外の場合には別の解決法が必要であり、別の規則（例えば「補文主語が動
作主ではない場合に補文主語は直接目的語になる」というような）を立てるか、ある
いは、基底の構造そのものに、補文主語が動作主であるかそうでないかを区別
できるような何らかの操作を施すしかない。

　ここでFPに関して、その二つの方向で提案された GIBSON & RAPOSO
(1986)（以下 G & R と略記）、FAUCONNIER（1983）(以下 F と略記）の解決法を
検討してみよう。まず、G & R は (27) のような文融合規則と、その規則に
基づく派生を提案する。

(27)　規則4：補文の主語が初層の主語でない場合、その要素は直接目的語
　　　になる。

派生はFPでは (28) のとおりであり、反対格動詞による使役文では (29) の
ようになる。

(28)　NP$_1$ faire V NP$_2$ ... par NP$_3$

(層1)	1	P	[P	2	1	]	（←受動変形（2→1 昇格））
(層2)	1	P	[P	1	chô	]	（←規則4）
(層3)	1	P	P'	2	chô		
	NP$_1$	faire	V	NP$_2$	NP$_3$		

(29)　NP$_1$ faire V NP$_2$ ...

(層1)	1	P	[P	2	]	(←反対格昇格 (2→1 昇格))
(層2)	1	P	[P	1	]	(←規則4)
(層3)	1	P	P'	2		
	NP₁	faire	V	NP₂		

確かに、いずれの場合も、NP₂ が失業することはない。しかし、規則4の存在はどのようにして正当化できるのであろうか。その説明ができなければ、G & R の提案は恣意的であるとの感を免れない。F は全く別の観点からの説明を試みている。F によれば、他動詞文の主語は初層では Ag（Agent）という斜格の文法関係をとり、その後の層で主語へと昇格する。そして、FP においては、補文でその昇格が起こらないまま文融合が起こり、主文主語の存在により、補文の Ag は主語には昇格しないまま最終層まで残されて、その斜格名詞句が "par NP" の形で表層で現れるのだという。

$$(30) \quad NP_1 \quad faire \quad [\quad NP_2 \quad V \quad NP \quad à NP … \quad]$$

	Ag	P		Ag	P	2	3
	↓			↓		
	1			Ag	(→"par NP")	

反対格動詞の場合には、基底構造で主語をとらないし、Ag に相当する名詞もないので、上の FP の派生から NP₂ を除いた以外は同じ派生過程をたどることになる。文融合に関しては先の規則2と同様な規則が課されることになっており、この場合もやはり、補文要素の文法関係はそのまま表層まで引き継がれることになる。ただし、この F の提案では別の疑問が残る。他動詞の主語が本来 Ag であることをどのように正当化できるのであろうか。この点について F では何の説明もない。

　G & R では派生過程で受動変形を導入するが、F では補文にもともと受動文の動作主名詞句的な Ag を用いた構文をあらかじめ導入しておくという、それだけの違いに見えるかもしれない。しかし、両者にはさらにひとつ大きく異なるところがある。関係文法で基本の規則のひとつとされる「最終主語原則」、

すなわち、あらゆる文はその最終段階において主語をもたなければならないとする原則が、G & R では文融合直前の段階で適用されているのに対して、Fではそれが適用されない。F は、その理由として、文融合では補文境界が消えてしまうのだから、融合直前の補文は最終層とは言えない旨が述べられている。文融合が起こることで境界が消えるのではなく、むしろ、補文が節として十分な独立性を確保していないために文融合が起こって補文が主文に取り込まれるのだと考える。文融合をそのように理解することで、その現象を、補文境界の消失とか主文による補文の吸収などという抽象的な言葉で表現する必要もなくなり、最終節になっているかどうかという補文節の状態によって、文融合を定義できるようになる。実際、補文に最終主語原則を適用する G & R の方法における不都合な部分はその規則の適用から起こっているのである。先に見たように、規則4の文融合の際の 1→2 変換規則は ad hoc であることを否めないし、その変換規則が適用される要素はそもそも受動変形、もしくは反対格昇格によって2から1に昇格した要素であって、それがまた再び、その規則によって2に戻されるという奇妙なことが起こっている。文融合時の補文に最終主語原則を認めなければ、このような欠点が避けられることは明らかであろう。従って、文融合のありかたに関しては、我々もFの考え方を受け入れることにしたい。

　尚、G & R は、受動変形が 2→1 昇格を含むと仮定しているが、受動文の述語と反対格動詞が動作主を項として持たないことは先に述べたとおりで、反対格仮説を認めるのであれば、2→1 昇格を受動変形そのものとは分離して考えることが十分可能なはずである。注目したいのは、反対格動詞と受動文との構文的、意味的な類似性である。前章において、我々は、受動変形は主語を動詞の項から削除する語彙変形であり、一種の反対格述語化であると規定した。

(31)　V:〔1 P (2)…〕 ⇨ V':〔ø P (2)…〕

実際、反対格仮説を適用すれば、先の反対格動詞、受身的術語を含む FP タイプの使役文は規則2でもって極めて簡潔に説明できるようになるのである。

(32)　a.　Je ferai envoyer une lettre à Pierre par Luc.　（＝ (24) a）

←je ferai [ø　envoyer　une　lettre　à　Pierre　par　Luc]

　　　　　　　P　　　　　　2　　　　　3　　　　　　Obl

b.　Je ferai parvenir ce document à Jean.　(= (26) a)

←je ferai [ø　parvenir　ce　document　à　Jean]

　　　　　　　P　　　　　2　　　　　3

これらの文では補文主語がなく、主文と補文は述語以外に文法関係が重なる要素がないので、文融合では補文要素をその文法関係のままで主文へと引き上げることができる。(32) a の派生では、受動変形が文変形か語彙変形かと言うことはさほど重要ではない。より大事な点は、"par NP" を文融合規則から切り離し、文融合以前の段階でそのような構造を考えることで、FP と受動文との関連が明らかにでき、また同時に、補文述語が反対格動詞の場合もあわせて理解できるようになるということである。

(33)　FP ← NP faire [ø V NP... (par NP)]

次に FA の問題を考えてみる。文法関係の変換と文融合規則を分離して考えれば構文解釈が容易になるのは、FP の場合と同様で、以下にそれを示していこう。FA 生成における規則 1 の問題点は次のようなものであった。

① 補文の間接目的語が表層で接辞代名詞にならないことをどのように説明するか。

② 補文述語が自動詞のとき、補文主語が表層で直接目的語になる場合と間接目的語になる場合があることをどのように説明するか。

これらの問題についても、既に G&R および F の説明があるので、それを検討することから始めよう。まず、G&R は次の文について以下のような派生を考える。

(34)　a.　Pierre a fait téléphoner Marie à Jean.

b. (層1) 1 P ［P 1 3 ］(←文融合規則)

(層2) 1 P P' 3 chô (←3→2 昇格)

(層3) 1 P P' 2 chô

Pierre faire téléphoner Marie Jean

文融合に伴って、補文主語は間接目的語になり、その結果として同時に補文の間接目的語を失業させる。そして、文内に直接目的語がない場合に限って、文融合で補文主語から間接目的語になった要素は直接目的語に昇格できるのだとする。一方、F は次のような派生を仮定する。

(35) a. Pierre a fait ［Marie téléphoner à Jean］à Marie

b. (層1) Ag P ［P Ag 3 ］3 (←同一名詞削

除と文融合)

(層2) 1 P P' ø chô 3 (←3→2 昇格)

(層3) 1 P P' ø chô 2

Pierre faire téléphoner Marie Jean Marie

F の説明によれば、被使役者を表す名詞句は補文述語ではなく、もともと主文の間接目的語である。その要素が補文内の同一指示名詞句である動作主名詞句を削除し、文融合により補文の間接目的語を失業させる。その後で、G&R の説明と同様に、文内に直接目的語がない場合に限って、間接目的語が直接目的語に昇格できるのだとする。

いずれの派生においても、補文内の間接目的語は別の要素により失業してしまうので、先の規則3のような意味不明の規則は必要なくなってしまう。

　G＆RとFにもうひとつ共通しているのは、3→2 昇格規則が文融合の後に、文融合規則とは独立して適用されると考えている点である。この昇格規則は決して恣意的な規則ではない。F では、conseiller、réquisitionner、voler などのように二項及び三項の構文をとる動詞で、二項構文の直接目的語が三項構文の間接目的語に対応するものが幾つか存在することが指摘されている。

(36) a. On vole sa bicyclette à Claude.

b. On vole Claude.

c. On conseille cette stratégie à Jean.

d. On conseille Jean [2]. (FAUCONNIER)

そして、使役構文における述語に関しても、実際、「Tough 移動」と呼ばれる名詞句移動に関して、表層に限定された 3→2 昇格を認めれば比較的簡単に説明できるようになる次のような現象がある。フランス語では *il est Adj. de V NP...* の形をした、例えば次のような文で、不定詞の直接目的語を主語の位置に移動することができる（以下の例は LEGENDRE (1994) による）。

(37) a. Il est toujours difficile de dire *la vérité*.

b. *La vérité* est toujours difficile à dire.

埋め込まれた文が使役文であっても、不定詞が他動詞であれば同様である。

(38) a. Il est difficile de faire comprendre cette théorie à Pierre.

b. Cette théorie est difficile à faire comprendre à Pierre.

c. Il est facile de faire lire ce livre aux enfants.

d. Ce livre est facile à faire lire aux enfants.

不定詞が自動詞の場合には、それが反対格動詞であれば、同じように直接目的語を主語の位置に移動できる。

---

(2) 二項の構文では被動作主は直接目的語でなければならない。これはかなり強い制約のようである。

(i) a. On l'a volée.

b. *On lui a volé.

(ii) a. On l'a conseillé.

b. *On lui a conseillé.

(iii) a. On les a réquisitionnés.

b. *On leur a réquisitionné.

使役文についても同様である。

(iv) a. On l'a fait courir.

b. *On lui a fait courir.

第二章　フランス語の使役文について　　　　33

(39)　a.　Il est facile de faire fondre la glace au soleil.

　　　b.　La glace est facile à faire fondre au soleil.

ところが、反能格動詞の場合、その操作が困難になる。

(40)　a.　Il est difficile de faire téléphoner Pierre à Marie.

　　　b.　*Pierre est difficile à faire téléphoner à Marie.

　　　c.　Il est difficile de faire obéir Pierre à Marie.

　　　d.　*Pierre est difficile à faire obéir à Marie.

　　　e.　Il est facile de faire travailler les étudiants.

　　　f.*?Les étudiants sont faciles à faire travailler [3].

これらは、述語に対する「直接目的語」としての資格が、見かけにも拘わらず
構造上十分に確立していないためであると考えられないだろうか。(38)、(39)
では表層の直接目的語が初層から一貫して直接目的語であったのに対して、
(40) の場合、先の説明に従えば、文融合で間接目的語になった要素がその後
直接目的語に昇格する。よって、それらの要素の直接目的語への昇格は、例え
ば ...V à NP$_1$ à NP$_2$ の語配列における構造上の曖昧さを避けるため等の表層で
の操作手段であって、そのために上記の構文で主語への移動ができないのだと
考えれば、この現象の説明がつくのではないか。
　それでは、どのような条件の下でその昇格が起こるのだろうか。補文述語が
一項しか持たない場合には昇格は義務的になる。

(41)　a.　J 'ai fait courir (*à) Marie.

　　　b.　Je {l'/*lui} ai fait courir.

補文述語が二項でその主語が代名詞でない場合も同様である。

(42)　a.　J'ai fait téléphoner (*à) Marie à Jean.

　　　b.　Il a fait penser (*à) Jean à ce projet.

---

(3)　しかし、この制約は絶対的なものではないようで、動作主を主語にとる、反能格動詞の場合で
　　あっても、次のようにその構文が可能になる場合がある。
　　Pierre est difficile à faire {mentir/tricher}.

34

しかし、補文述語が二項でその主語が代名詞のときは、既に見たように昇格が任意になる場合が多い。

(43) a. Je {le/lui} ferai penser à cette affaire.
       b. Cela {le/lui} fera penser à moi.
       c. Je {le/?lui} ferai obéir à Pierre.

この現象についてはまだ明確な規則を提案できる段階ではないが、上の例に見られるような文法関係の不安定さは、やはり3→2昇格規則が文融合そのものとは独立して存在することを示すものであろう。

　補文の間接目的語を失業させる要素については、G＆R、Fともにそれが被使役者を表す要素であると考える点については同じであって、その違いは、文融合時に補文主語の主文間接目的語への上昇を認めるか、あるいは被使役者を最初から主文の間接目的語としてとらえるかということだけである。ここでは、恣意的な文法関係変換の規則はできるだけ避けるという意味で、Fの案を採用し、被使役者は基底で主文の直接目的語として生成されると考えよう、ただし、補文主語について、Fでは削除規則が適用されるが、それによって述語の項構造が変化するわけではないので、反対格動詞のように全く空の場合と区別するために、ここでは削除規則よりも、生成文法に倣って、PROを導入し、それを以下のように基底の補文主語として直接生成させるといういう方法をとることにしよう。

　(44) NP₁ faire [PRO V...] à NP₂

PROは一種の代名詞要素であり、NP₂のコントロールを受け、意味上は補文主語として機能するけれども音声を持たず、構造上は他の要素に影響を与えないものと考える。

　以上をまとめると、FA、FPはそれぞれ次の構造を持つことになる。

　(45) NP₁ faire [ₛ PRO V...] à NP₂ ⇨ FA

[s: 他動詞構文または反能格動詞構文]

（PRO は NP₂ にコントロールされる）

NP faire ［、V...］ ⇨ FP

[s: 反対格動詞構文または受動構文]

そこに先の文融合規則 2 と同じ、次の規則が適用される。

(46)　文融合規則：補文で文法関係 R を持つ要素は R を持ち続ける。ただ
し、その要素が文法項（すなわち、主語、直接目的語、間接目的語）で、
かつ主文に既に R を持っている別の要素がある場合には、その補文
の要素は失業者となる。

FP に関して、上の構造には当てはまらない別のタイプがあるので、最後に
それを検討しておこう。それは、補文動詞が受動態にはならない反能格動詞で
ありながら FP の形をとる次のような文である。

(47)　a.　Jean fera téléphoner à Marie par Louise.

　　　b.　Je lui ai fait répondre par Jean.

　　　c.　Il a fait faire entrer Monsieur Dupont par son fils.

これらの文では、"par NP" は主語の仲介者的な意味を表す場合が多いと思わ
れるが、"par NP" は受動文の動作主名詞以外にも、次のような手段や媒介を
表す使い方がある。

(48)　a.　Il a diffusé la nouvelle par les journaux.

　　　b.　Je l'ai appris par Marie.

よって、(47) のような文には次のような構造を仮定することできるかもしれ
ない。

(49)　NP₁ faire ［PRO V...］ par NP₂

4 使役文の成立条件について

　FP の成立条件については、先に受動文との関連性を見たとおりであるが、同様な説明は、生成文法で提案された被影響性の制約（Affectedness Constraint）(JAEGGLI（1986), GUASTI（1996）など）を使った説明などにも見られる。例えば、GUASTI によれば、動作主名詞句が par NP（イタリア語では da NP）となるのは動詞の外項（つまり主語）が消去された結果であり、外項が消去されるためには動詞の直接目的語が動詞の表す事行によって影響を受けることが必要であるという。次の例のように直接目的語が抽象名詞であったり、直接目的語を持たない自動詞の場合は par NP（da NP）を用いることができない。

(50) a. L'avvocato ha fatto perdere la causa {a/*da} Gianni [4].
　　　 ("L'avocat a fait perdre sa cause {à/*par} Jean.")

　　 b. La grandine ha fatto temere un desastro {ai /* dai} contadini.
　　　 ("La grêle a fait craindre un désastre {aux /* par les} paysans.")

　　 c. Ho fatto lavorare (*da) Gianni.
　　　 ("J'ai fait travailler (*par) Jean.")

外項の消去は受動文生成の条件と生成文法では一般に考えられているので、受動文と FP の成立条件が重なるのは当然の帰結となる。しかし、そのような受動文との関連性だけで説明できるのは FP の成立条件のみであって、FA についての成立条件については何も議論することができない。FP のみ可能で FA の形をとれない使役文も数多くあり、受動文との関連性や直接目的語の受ける影響だけを基準にしただけでは説明のつかない場合が明らかにある。例えば次のような文である。

---

(4)　GUASTI の例文はイタリア語の方である。参考に、フランス語の対応例も合わせて示したが、状況は全く同じである。

第二章 フランス語の使役文について　　　　37

(51)　a.　J'ai fait déchirer cette lettre {*à/par} Paul.
　　　b.　Pierre a fait matraquer ce garçon {*à/par} Jean.
　　　c.　Elle fera tuer son mari {*à/par} son amant.

これらの文では à NP が使えないが、それが構造上の制約によるものでないことは、次のように間接目的語を接辞代名詞にすると文が可能になることより明らかである。

(52)　a.　Je *lui* ai fait déchirer cette lettre.
　　　b.　Pierre *lui* a fait matraquer ce garçon.
　　　c.　Elle *lui* fera tuer son mari.

これに関しては、藤村による説明があるので、それを紹介しておこう。
　使役文における動作主名詞句の形態の使い分けに関しては、筆者の知る限り、HOPPER & THOMPSON の考え方をもとに、談話の場における被動者の、話者にとっての突出度を基準とした藤村（1989a）の説明が最も説得力があるように思われる。藤村によれば、すべての命題は述語を軸に（命題内の主要な）行為者と被動者の間の関係が中心となる。使役文では、使役者と被使役者の関係とその結果引き起こされる出来事の動作主と被動作主の関係の二つが一つの文でまとめて述べられることになる。そのように、被使役者と被動作主という被動者性を帯びた要素が一つの文に複数あるときには、その中で最も突出度の高い要素が命題の主要な被動者と認められるのであって、その突出度はその結果性（被動の強さ）の度合い、および話者にとっての重要性（談話内での話題性）の度合いの総合的な判断によってはかられる。そして、主要な被動者が被使役者であれば、その被使役者は（間接または直接）目的語となり、逆に主要な被動者が不定詞の目的語であれば、被使役者は par NP の形で現れるという。
　つまり、使役文というのは「（誰かにさせた結果）対象がどうなる」ということと「誰にそうさせる」というふたつの事態があって、それがひとつの文にまとめて表現されており、発話の場において話者がその二つのどちらにより重きをおいて語るかによって動作主名詞句の形態の使い分けが起こるということである。例えば、次のような文で考えた場合、

(53) a. Il a fait détruire la ville {*à/par} Jean.
b. Il a fait connaître la ville {à/*par} Jean.　（藤村 1989a : 40）

これらの文では、「彼」から行為を起こすよう仕向けられる被使役者「Jean」と、その行為の結果を被ることになる la ville が、ともに被動者であるわけだが、a 文では「町」が「破壊される」結果大きな変化を被ることになるのに対して、b 文では「町」を「見てくる」ということであるからその結果「町」に何かが生じるとは考えにくい。「Jean」の側における使役による影響を考えると、a 文では、「Jean」は勿論何らかの具体的な行動をするのであろうがそのことから生じる本人への影響は破壊される町に比べて相対的に見えにくくなっているのに対して、b 文では、「Jean」は今まで知らなかった町を見てくることになり、影響が生じるのは「町」ではなく「Jean」の方である。よって、a 文では「町」が主要な被動者と判断されるのに対して、b 文では「Jean」が主要な被動者となる。

　この説明は、先の Affectedness Constraint を使った説明などとも部分的には重なるものであるが、藤村がとくに強調するのは、事行の在り方だけではなく、話者の発話状況における事行のとらえ方が FA、FP それぞれの成立に大きく関わってくるということである。例えば次のような例である。

(54) a. Jean va faire exécuter le portrait de sa femme {?*à/par} ce M. Marfaux.

藤村によれば、この文が単独で示されたときには、インフォーマントは par NP の方が自然であると判断するが、その文が発話される状況が次のように特定されると、判断が逆転するという。

(54) b. C'est d'ailleurs, votre cher fils qui avait déterminé M. de Tré-
meur à faire l'expédition de venir jusqu'ici. C'est de même
Jean qui a convié un peintre, lequel a été présenté, paraît-il,
à cette espèce de cercle où il va déjeuner quelquefois ; M.
Guy Marfaux. Celui-ci a bonne façon, et de plus, dit-on, beau-
coup de talent. Mon mari ne se rappelle rien de lui ; mais il a re-

marqué, plusieurs fois, qu'on en parlait. *Jean va faire exécuter le portrait de sa femme à ce M. Marfaux* pendant le séjour à Pontarmé.　　　　　　(HERVIEU, Peints par eux-mêmes, 藤村：51)

肖像画というのは、芸術絵画に比べれば実用的な意味合いが強いものであって、肖像画を作らせるときには、まず肖像画それ自体が目的であって、それを誰にまかせるかということについてはさほど重きをおかれない場合が多いと思われる。その一般的状況に従った解釈においては、le portrait de sa femme が主要な被動者ということになる。被使役者に par NP が選ばれるのはそのためである。一方、b 文で示されているのは、逆に、Jean が Marfaux という画家に描かせることの方に重きをおいていることが明らかになっている状況であって、そのために à NP が用いられるということになる。

先の例も同様に説明することができる。動詞の表す事行より直接目的語に大きな影響が認められる場合にはそれが話題の中心になりやすく、被使役者は par NP になりやすい。しかし、被使役者に代名詞が使われ、それが話題の中心になっていることが想像される場合には、à NP（この例では間接目的の接辞代名詞）が使われるのである。

(51)　a.　J'ai fait déchirer cette lettre {*à/par} Paul.

　　　b.　Pierre a fait matraquer ce garçon {*à/par} Jean.

　　　c.　Elle fera tuer son mari {*à/par} son amant.

(52)　a.　Je lui ai fait déchirer cette lettre.

　　　b.　Pierre lui a fait matraquer ce garçon.

　　　c.　Elle lui fera tuer son mari.

つまり、主題として解釈されやすいものほど主要な被動者として認識されやすくなり、それが被使役者であれば FA になりやすい。逆に par NP については新情報的な解釈が要求される傾向にある [5]。

(55)　a.　J'ai fait suivre une femme {par mon mari/*par lui}.

　　　b.　Je lui ai fait suivre une femme.　(ibid.: 50)

しかし、par NP は常に新情報的なものに限られるわけではない。藤村の指摘するように直接目的補語に強い変化が認められる場合には、そちら側の突出度が上がることにより、代名詞のように主題的に解釈されやすい名詞句であっても許容されるようになる。

(56)　a.　*On fera manger ce gâteau par lui.

　　　　b.　On fera tuer son mari par lui.　(ibid.: 50)

また、一、二人称の目的語が三人称の場合に較べて FP をとりやすい。

(57)　a.　Il l'a fait oublier {à/*d'} Adèle.

　　　　b.　Il m'a fait oublier {*à/d'} Adèle.　(ibid.: 48)

これも、発話の場における発話者たちは他人に関してよりも自分たちに何が起こったのかを中心に語りがちであり、主題的なものほど中心的な被動者として現れやすいことを示している。

　つまり、FA と FP の選択は、事行の性質と同時に談話の場における話題性や主題性などの条件が加わった総合的な結果をもとに判断されるのである。この藤村の説明は我々が先に示した構造と矛盾するものではない。

　NP faire [$_s$PRO V...] à NP ⇨ FA

　NP faire [$_s$V... par NP] ⇨ FP

構造的には主文の間接目的語は補文の前置詞句よりも上位にあることになり、そちらに意味的に突出した名詞が割り振られるのは自然なことであって、FA と FP 間の意味的な差異が構文に反映されたものと考えられることができるからである。

---

(5)　(a も b のように焦点として解釈できる場合には可)。

　　a.　J'ai fait suivre une femme {par mon mari/*par lui}.

　　b.　C'est par lui que j'ai fait suivre une dame.

第三章　ジェロンディフ等の副詞句における
明示されない主語の解釈について

1　従来の見解

　一般の文法書、例えば朝倉（1955）、GREVISSE（1986）等を見ると、ジェロンディフや文頭に置かれた分詞節の意味上の主語は、主文の主語と同じでなければならないという記述がある。確かに、次のような文では、分詞の意味上の主語はあくまで主文主語であり、それが目的語と同一であると解釈されることはない。

(1)　a.　J_i'ai salué mon ami_j $ø_{i/*j}$ en sortant de chez lui.

　　　b.　$ø_{i/*j}$ En partant pour l'Espagne, il_i me_j confia ses craintes.

　　　c.　$Pierre_i$ a rencontré $Marie_j$ après $ø_{i/*j}$ avoir lu cette lettre.

　　　d.　Il_i l_j'a vu avant $ø_{i/*j}$ de partir.

　　　e.　Il_i a confié ses secrets à $Marie_j$ sans $ø_{i/*j}$ le vouloir.

　　　f.　$ø_{i/*j}$ Ayant reçu la nouvelle, $elle_{i \text{ luij}}$ a téléphoné.

　　　（"ø" はジェロンディフ等の明示されない主語を示すものとする。以下同様）

しかし、その規則が通用しない場合がある。

(2)　a.　$ø_i$ En écoutant ses paroles, sa sincérité m_i'a frappé.

　　　b.　?Ces commérages à propos de lui-même préoccupaient $Jean_i$
　　　　　plus que toute autre chose $ø_i$ en allant chez elle.

　　　c.　Et cette bouche, $ø_i$ en la voyant, m_i'inspire des désirs.

上記の文法書などでは、これら例外の存在を認めた上で、ただしそれらは成句

的表現や文意が曖昧にならない場合のあくまで例外的な場合に限られるという
説明がつけられているのが普通である。しかしこれらは決して例外的な文では
ない。後に見るように、心理作用を表わす動詞のあるグループでその目的語が
規則的にジェロンディフの主語になれるものがあるし、文内にその主語となる
べき要素が存在しない場合さえ決して稀ではない。そしてこれがジェロンディ
フだけではなく、文頭に置かれた分詞節や、"avant de/après/sans＋不定詞"
などの形をとる副詞句にも共通した問題である。それらの明示されない主語が
主文主語と同一であると解釈される場合は勿論多い。

(3)　a.　Pierre a rencontré Marie après avoir lu cette lettre.

　　　b.　Il a confié ses secrets à Marie sans le vouloir.

しかし、次のような例もある。

(4)　a.　L'argent lui a manqué après l'avoir jeté par les fenêtres pen-
　　　　　dant des années.　　　　　　　　(LEGENDRE (1989: 776))

　　　b.　Il a plu sans inonder le pays.

それではこれらの文が可能になるのはどのような条件下においてなのだろうか。

2　主語以外の要素によるコントロール

　既に述べたように、(1) のような文では主文内に主語以外の他に名詞句もあ
るにもかかわらず、主文主語のみがジェロンディフの主語であると解釈されて
しまう。一般に、主文主語が「動作主」を示している文では同様な解釈しか取
り得ない。それでは上記の文法書などで指摘された、文意が曖昧になる場合と
いうのはどのような状況であろうか。そのためには "ø" をコントロールできる
要素が主文主語以外に存在することが必要だが、可能性としては少なくとも次
の三つの場合が考えられる（ただし後で述べるがいつも可能というわけでもない）。
第一に受身文、あるいは受身的用法による代名動詞を主動詞とした文の場合、

(5)　a.　Les manifestants$_i$, ça se disperse ø$_{i/j}$ en hurlant.

第三章　ジェロンディフ等の副詞句における明示されない主語の解釈について　43

b. ?Les manifestants; ont été dispersés (par les policiers;) ø;/; en
hurlant.　　　　　　　　　　　　　　(RUWET (1972: 120))

それに、使役文の場合、

(6)　Je; l;'ai fait marcher ø;/; en chantant.

そして、主文動詞が心理作用を表わし、その心理作用が生じる主体（「経験者」）
が主語ではなく目的語の形で現われる場合である。

(7)　Sa; femme lui; manque tout en ø₂;/; l'ayant vu/vue une heure plus
tôt.　(LEGENDRE (1989: 780))

それらの動詞は、manquer、sembler のように「経験者」が間接目的語の場
合もあれば、impressionner、préoccuper など、それらが直接目的語をとる
場合もある。

(8)　a. ?Son état de santé m;'a impressionné ø; en regardant son vi-
sage.
b.　ø; Passant dans cette rue, il lui; semblait revenir dix ans en ar-
rière.

問題はこれらを一括して説明できるような原理が存在するかどうかということ
である。これらの例に明らかなように、受身文の場合には「動作主」を示す名
詞句が、そして使役文の場合には被使役者、つまり不定詞で表わされる行為の
「動作主」を示す名詞句が、それぞれ "ø" のコントローラーとして機能するこ
とができる。従来の変形文法や関係文法では、それらは深層構造の主語から派
生した要素と考えられてきた。POSTAL (1986) にも、その事実をもとに、
派生の過程で主語になる要素はすべて不定詞や分詞によって形成される副詞句
の主語のコントローラーになれるという説明が与えられている。もし、逆に、
コントローラーになれる要素が常に派生の過程で主語となるのであれば、一見
変則的に見える場合もすべて主語という概念で統一的に扱うことができるよう
になるが、その仮説は心理動詞などの場合にも当てはまるのであろうか。それ

44

を認める方向で解決を試みたものとして LEGENDRE（1989）がある。

3 LEGENDRE による解決法

LEGENDRE が扱っているのは主として「経験者」が間接目的語の形をとる動詞である。彼女は次のような文について、

(9)　a.　Les femmes plaisent à Pierre.

以下のような派生を仮定する。

b.　(層 1)　P　　　　1　　　　2
　　(層 2)　P　　　　3　　　　2
　　(層 3)　P　　　　3　　　　1
　　　　　plaire　　Pierre　　les femmes

すなわち、この種の心理動詞における表層の主語、間接目的語は基底構造においてそれぞれ直接目的語、主語であると考える。つまり、表層の主語に関しては反対格動詞のそれと同じ性格を共有しているということである。イタリア語の同種の心理動詞においてもやはり表層の主語に「主語性」が欠如していることが BELLETTI & RIZZI に詳しく論じられているが、LEGENDRE はそれを踏まえた上で、フランス語の場合について次の二つのことを指摘している。第一に、それらの動詞では（非人称）受動文がつくれない。

(10)　*Il a été plu aux femmes（de/par Pierre）.

第二に、主語に "on" をとる場合に解釈上の制約がある。"on" は不定代名詞として "quelqu'un" と同じように使われたり、定代名詞として "nous" の換わりに用いられたりするが、一般の他動詞や反能格動詞ではどちらの解釈も可能であるのに対して、反対格動詞や受動文の場合には不定の解釈をとることができない。

(11)　a.　On critique beaucoup le nouveau gouvernement.　(on :

第三章　ジェロンディフ等の副詞句における明示されない主語の解釈について　45

　　　　nous/quelqu'un)

　　b.　On a désobéi aux ordres du capitaine.　(on : nous / quel-
　　　　qu'un)

　　c.　On est allés au cinéma.　(on: nous/*quelqu'un)

　　d.　On a été jugés compétent.　(on: nous/*quelqu'un)

そして、問題の心理動詞の場合にも同じ制約がある [1]。

　(12)　a.　On a plu au directeur.　(on: nous/?quelqu'un)

　　　　b.　On a manqué à Pierre.　(on: nous/?quelqu'un)

表層の間接目的語の「主語性」の根拠となるのは既に見たジェロンディフをは
じめとする副詞句のコントロールである。

　(13)　a.　Ayant trimé toute sa vie, l'oisiveté lui répugne.

　　　　b.　L'inspiration lui$_i$ venait ø$_i$ sans faire aucun effort.

　　　　c.　Cette idée m'est venue en dormant.

LEGENDRE の説明で、間接目的語の「主語性」を証明するのに用いられて
いる議論の積極的な根拠となるのはこのコントローラーとしての性質のみであ
るが、実際、他の間接目的語ではそのようなことはありえない。

　(14)　a.　L'idée lui est venue en se promenant.

　　　　b.　*Les pierres lui sont tombées dessus en se promenant.　(二例
　　　　　　とも KAYNE (1977: 208))

これは JACKENDOFF (1972) の意味役割の階層性 (15) でもある程度説明
可能に見えるかもしれない。しかしそれでは理解できない場合があるとして、
LEGENDRE は (16) のような例をあげている。

---

[1]　ただし、この制約は主語が「動作主」ではないときにも見られる制約である。例えば次のよう
　　な例もある。
　　On a reçu une lettre d'accusation.　(on: nous/*quelqu'un)
　　On a subi les conséquences de cette erreur.　(on: nous/*?quelqu'un)
　　従って、おそらく構造に由来するものではない。

(15)　Agent＞Experiencer＞Goal＞Theme.

(16)　Elle_i avait été confiée à son oncle_j avant d'être {admise_i/*admis_j}
　　　à l'hôpital.
　　　(Theme)　　　　　＜　　　　　(Goal)

この文では、間接目的語が主語よりも階層性において上位にあるにも拘わらず
副詞句をコントロールすることができない（これは (14) b でも同様）。
　また、動詞によっては「経験者」が間接目的語ではなく直接目的語の形をと
ることがあるのは既に見たとおりである。それらについてもコントロールに関
して同じ性質が認められるのだから、両者に同様の議論が成り立つはずである。
とすれば、それらの動詞もやはり反対格動詞としての性質を備えていなければ
ならない。ところがそれらの中には、受身の形をとれるものが多い。

(17)　Pierre est fasciné par les femmes.

しかし、LEGENDRE によればそれらは "verbal passives" ではなく "adjecti-
val passives" なのだという。確かに、一般の形容詞と同様に "très" をつけた
り、"rester" の補語になることができる。

(18)　a.　Pierre est très fasciné par les femmes.
　　　b.　Pierre reste fasciné par les femmes.

"par NP" が主語から派生したものではなく、本来斜格であれば、理論上の矛
盾は生じない。以上が LEGENDRE の解決法の要約であるが、この説明には
幾つかの大きな問題がある。

4　LEGENDRE の解決法における問題点

　まず、それらの心理動詞が LEGENDRE の考えるような基底構造を持って
いるのであれば、その構造が表層で実現されることがほとんどないのは何故か
という疑問がある。

第三章　ジェロンディフ等の副詞句における明示されない主語の解釈について　47

(19)　a.　Cette musique me plaît.

　　　b.　*Je plais（à）cette musique.

確かに幾つかの動詞でそれらの間接目的語が主語としても現れることはある。

(20)　a.　J'ai manqué de temps pour terminer cet article.

　　　a'.　Le temps m'a manqué pour terminer cet article.

　　　b.　Pierre répugne aux travaux pénibles.

　　　b'.　Les travaux pénibles répugnent à Pierre.

（RUWET（1972: 192））

しかし、そのときでも、対応する名詞句間で制約に差が出てくる場合が多い。

(21)　a.　{Le temps/Marie} m'a manqué.

　　　b.　J'ai manqué de {temps/*Marie}.　（RUWET（1972: 192））

次には解釈に関する問題である。LEGENDRE のいうように派生の仮定で主語となる要素がすべてコントローラーとなれるのであれば、それら心理動詞については、主文の主語と目的語でどちらも同じ程度にコントローラーになる可能性があるはずである。ところがかなりの場合において、それが一義的に定まってしまう。勿論、次のように、文の表わす出来事の因果関係などからその主語が何になるかが必然的に定まる場合がある。

(22)　a.　Paul$_i$ m$_j$'a dégoûté ø$_i$ en mangeant salement.

　　　b.　ø$_j$ En écoutant ce qu'il me disait, Paul$_i$ m$_j$'a dégoûté.

ところが両義的になりそうに思える次の文では一方の解釈しか許されない。

(23)　Paul$_i$ m$_j$'a dégoûté ø$_{i/*j}$ en écoutant ses paroles.

次のような奇妙な対比も存在する。

(24)　a.　J'ai été étonné en écoutant son exposé.

　　　b.　*Il m$_i$'a étonné ø$_i$ en écoutant son exposé.

このような場合は、やはりそれらの項の間に何らかの階層性が考えられるべきなのではないか。LEGENDRE の解決法を受け入れるにしても、各語彙についてさらにこまかな分類を行い、非文を排除できるようなフィルターを設定しておくことが必要であろう。

もう一つの大きな問題は、主文内にコントローラーとなる要素がない場合の説明である。

(25) a. En entrant dans l'église, le regard s'arrête sur un beau jubé de la Renaissance.

b. En approchant d'Alexandrie, l'air s'allège.

c. A peine sortie, Martinon eut l'air de chercher son mouchoir.
(Flaubert "L'Éducation sentimentale" III,1. ここで sortie の主語になるのはこの文には現れない Cécile であって Martinon ではない)(GRE-VISSE §328 より)

(25) b のような場合であれば、次のように潜在的な要素を仮定できるかもしれない。

(26) En approchant d'Alexandrie, (on constate que) l'air s'allège.

しかし、(25) c ではそれは不可能である。この場合、コントローラーとなる要素を探そうとすれば、その文が含まれる談話全体までをも問題にせざるを得ない。談話構造が影響してくると考えられるのは、実は非人称構文の場合も同じである。よく知られているように、非人称の文ではジェロンディフをとれなくなることが多い。

(27) a. Devant la mairie, un ivrogne passait en fredonnant.

b. *Devant la mairie, il passait un ivrogne en fredonnant. (東郷・大木 (1987 : 10))

LEGENDRE (1990) によれば、非人称構文で動詞の右に来る名詞句は動詞の性質如何に拘わらず、主語から派生した要素である。よって LEGENDRE の理論では (27) b が何故非文になるのか説明がつかない。これは彼女の理論の

第三章　ジェロンディフ等の副詞句における明示されない主語の解釈について　　49

根幹に関わる部分なので、以下、非人称構文の場合についてもう少し詳しく検
討してみよう。

5　非人称構文の場合

非人称構文の場合、ジェロンディフが現れにくいとはいえ、それが全く不可
能というのではない。例えば次のような文がある。

(28)　a.　Il pleut en faisant du soleil.
　　　b.　Il pleut en tonnant.
　　　c.　Qu'il disparaisse tant d'enfants en rentrant de l'école, toi, ça
　　　　　te laisse indifférent?　　　　　(LEGENDRE (1990: 119))

それでは、どのような条件下でジェロンディフは非人称文と両立し得るのだ
ろうか。まず、第一に、主語よりもむしろ動詞の性質が許容度に大きく影響す
るようである。一般に、非人称でかつジェロンディフをとることができるのは
反対格動詞のように他動性の低いものに限られ、他動性の高い動詞、自動詞で
も反能格動詞と分類されるものを主動詞とする文では、非人称にはなれても、
その場合にジェロンディフや不定詞による副詞句をとりにくい傾向にあるよう
である。

(29)　a.　Il s'est évanoui beaucoup de personnes en regardant cet horri-
　　　　　ble spectacle.
　　　b.??Il s'est enfui plusieurs prisonniers sans laisser de traces.
　　　　　(Ok... sans qu'ils laissent...)
　　　c.??Il s'est assis plusieurs personnes au premier rang après avoir
　　　　　longuement papoté à l'entrée de la salle.　　(Ok... après qu'ils
　　　　　aient...)

しかし、反対格動詞と類似した構文をとるはずの非人称受動文の場合も、動詞
によって文の許容度にかなりの差が認められる。この場合もやはり、他動性の
低い方がジェロンディフその他の副詞句をとりやすいようである。

(30) a.*?Il a été arrêté plusieurs terroristes en essayant de passer la
      frontière.   (Ok... qui essayaient de passer...)
      b.*?Il a été expulsé de nombreux étrangers après avoir été longue-
      ment interrogés par la police.   (Ok... après qu'ils aient été...)
      c. Il a été mis fin à cette bagarre en appelant la police.
      d. Il a été désigné plusieurs chefs en votant à main levée.
      e. Il a déjà été répondu à cette question en proposant de répar-
      tir tous les bénéfices parmi les membres.
      f. Il a été procédé à un examen complet de la situation en réunis-
      sant tous les administrateurs.
      (この六例は LEGENDRE（1990）からだが、判断は我々のインフォーマ
      ントによる。LEGENDRE はすべて可としている)

よって、反対格動詞かどうかという単純な分類では問題を解決できないことは
明らかである。ここではむしろ機能文法的な説明の方が問題を理解しやすいよ
うに思える。東郷・大木（1987）によれば、非人称構文はいわゆる実主語の
「主語性」つまり Topicality（指示対象の確立の度合い）の低下、及び Agenti-
vity（＝動作主性）の低下を意味するという。とすると、(29) b などでは、主
語性や他動性を失ってしまったはずの要素が、それを主語にとるジェロンディ
フの存在で再び活性化されて、非人称構文本来の意味が阻害されることにより
矛盾が生じてしまう、しかし (29) a などのように本来他動性の低い文の場合
はそれほどの矛盾が生じないということであろうか。これだけのデータで結論
を出すことはできないが、しかし、上に示した例文のうち非文となるものでも、
副詞句を節に変えてその主語を明示すると許容度が上がるという事実は注目に
値する。これは、実主語のコントロールが副詞句に及ばないことを示している
のではないか。これに関連して POLLOCK（1986）は興味ある事実を指摘し
ている。次の文 (31) a、(31) b は非文であるが、副詞句の前に休止を置くと
文の許容度が改善されるという。

(31) a. *Il trônait des bibelots de prix sur cette cheminée avant de tom-
      ber par terre.

第三章　ジェロンディフ等の副詞句における明示されない主語の解釈について　51

    a'. ?Il trônait des bibelots de prix sur cette cheminée, avant de
        tomber par terre.

    b. *Dans ce grenier, il se promenait des milliers de souris en se ri-
       ant des chats.

    b'. ?Dans ce grenier, il se promenait des milliers de souris, en se ri-
       ant des chats.　　　　　　　　　　　(POLLOCK : 228-229)

POLLOCK は、副詞句の主語のコントロールは主文主語の構成素統御（c-commande）によるものと考える。彼によれば、(31) a、(31) b が非文になるのは "il" が可能な先行詞ではないためであるが、しかし、(31) a'、(31) b' の場合、休止を置くことにより主文主語の c-commande の及ぶ範囲から外れてしまうことで、副詞句は逆に自由な解釈を持てるようになり、その結果、「実主語」と同一指示の解釈も可能になるという。機能文法の立場からも（東郷・大木 (1986 : 5)）、音声的休止は文の情報単位の区切りを示すということが述べられているが、やはり、それらの副詞句（節）が、休止や主語を明示することによって、情報単位としてある程度主文から独立しない限り、文としては成り立たないということなのだろう。LEGENDRE のように派生構造とコントロールの問題を直接に結びつけてしまっては、これらの事実は当然見失われてしまう。

6　文の主題との関連性

　上で、文の主題と副詞句の非明示主語が密接に関連しているのではないかという予想を述べたが、実際に、心理動詞ではない通常の他動詞文であっても次のような文が存在する。

(32)　a.　On$_i$ m$_j$'a volé mon portefeuille en ø$_j$ allant à l'école.
      b.　On$_i$ m$_j$'a donné ce livre en ø$_j$ partant pour la France.

これらの文で、ジェロンディフの意味上の主語に対応しているのは主文の目的語である。しかし、いずれの文も動作主を主語にとる典型的な他動詞文であり、

表層の主語名詞句が基底構造では主語でないとはまず考えられない。従って、目的語名詞句がジェロンディフをコントロールしているからといって、それを基底の主語から派生させるような構造をここで仮定することは不可能なはずである。この例からも明らかなように、目的語によるコントロールが可能な場合というのは、心理動詞に限定されているわけではない。具体的な行為や出来事を表わす通常の他動詞文であっても、主語名詞句に強い脱主題化、そして同時に目的語名詞句の主題化が起こると、心理動詞の場合と同様に、目的語による副詞句のコントロールが可能になるのである。このことは、定名詞句を主語にとる次の文と比較すれば明らかであろう。

(33) a. Pierre$_i$ lui$_j$ a volé son portefeuille en ø$_{i/*?j}$ allant à l'école.

     b. Pierre$_i$ a donné ce livre à Paul$_j$ en ø$_{i/*j}$ partant pour la France.

この場合には主語寄りの解釈しかできない。そしてこれは問題の心理動詞の場合においても、実は状況は全く同様であって、目的語がコントローラーとして機能できるのは大抵は主語が無生物の場合であり、主語が人を表わすときには、先にも見たように、目的語寄りの解釈をとることが困難になる場合が多い。

(34) a. La maison lui$_i$ a plu en ø$_i$ la visitant.

     b. La maison a dégoûté Marie$_i$ en ø$_i$ la visitant.

(35) a. *Pierre$_i$ a plu à Marie$_j$ en ø$_j$ écoutant cette chanson.

     b. *Pierre$_i$ a dégoûté Marie$_j$ en ø$_j$ regardant sa façon de manger.

それを可能にするためには、目的語名詞句の主題性を主語名詞句よりも相対的に引き上げる必要がある。

(36) a. Ces gens-là$_i$ m$_j$'ont plu en ø$_j$ écoutant cette chanson.

     b. Ces gens-là$_i$ m$_j$'ont dégoûté en ø$_j$ regardant leur façon de manger.

従って、(34) のタイプの例だけを示して、LEGENDRE のように目的語名詞句の主語性を主張することが誤りであることは明白であろう。

第三章　ジェロンディフ等の副詞句における明示されない主語の解釈について　53

　以上のことから考えると、問題の心理動詞の場合も、意味構造の違いはあるにせよ、少なくともジェロンディフ等の副詞句の非明示主語の解釈の仕方そのものについては基本的に同じように思える。おそらく、心理動詞において目的語よりの解釈がとられることが比較的多いのは、無生物を主語にとることができ、かつ意識主体を表わす経験者格の目的語の方が文の主題となる可能性が高いことが原因となっているのではないか。ただし、主語以外の要素をコントローラーにとる場合、主語名詞句に対して相対的にかなり強い目的語の主題化が必要なことから、単に主題であるだけでは不十分で、主語であるかどうかがかなり大きな比重を占めているように思われる。よって、次のような意味解釈規則を提案したい。

(37)　ジェロンディフ等の副詞句のコントローラーとしてまず解釈されやすいのは主文主語である。ただし、そのように解釈されるためには、それが主題性の高い名詞句であることが必要となる。一方、主語名詞句の主題性が低い場合には、主題性の高い別の名詞句、またはその文が含まれる談話の主題そのものがコントローラーとなる。

このように考えれば、同じ心理動詞であっても、人が主語の場合には副詞句の非明示主語が主文主語寄りの解釈がとられやすいことは理解できるし、また、主語の脱主題化の手段であるとされる転化的非人称文でジェロンディフそのものの存在が不自然に感じられやすいこと、そして、受け身文で焦点を表わすことが多い動作主名詞句がコントローラーとして機能しにくいことなども併せて説明できるのではないだろうか。

　談話構造が副詞句の非明示主語の意味解釈に大きく関わっていることを示すもうひとつの例として、使役文の場合がある。使役構文は本来は複文であり、それが文融合、あるいは再構造化によって表層では単文のように機能すると考えられている。事実、次の文では、通常の単文構造の文とは異なり、主語名詞句と同じく被使役者である目的語名詞句も副詞句の意味上の主語になることができる。

(38)　a.　Pierre$_i$ les$_j$ a fait chanter en ø$_{i/j}$ souriant.

b.　Pierre_i leur_j fera saluer les professeurs sans ø_{i/j}se fâcher.

c.　Pierre_i les_j a fait s'asseoir avant de ø_{i/j} parler.

(LEGENDRE (1990 : 114))

しかし、副詞句の意味上の主語にあたる動作主名詞句が接辞代名詞でないと、先に上げた例 (35) と同様、大抵の場合、文の意味が一義的に定まってしまう。そのときには、主文主語のみが副詞句の意味上の主語であると解釈されることになる。

(39)　a.　Pierre_i a fait chanter les élèves_j en ø_{i/*?j} souriant.

　　　b.　Pierre_i fera saluer les professeurs aux élèves_j sans ø_{i/*?j}se fâcher.

　　　c.　Pierre_i a fait s'asseoir les élèves_j avant de ø_{i/*?j} parler.

目的語名詞句をその主語にとろうとすれば、副詞句を節にかえて、その主語を明示しなければならない。

(40)　a.　Pierre_i fera saluer les professeurs aux élèves_j sans qu'ils_j se fâchent.

　　　b.　Pierre_i a fait s'asseoir les élèves_j avant qu'ils_j parlent.

これは、使役文には前置詞等の明示的な補文標識がないために、その分、複文であることが意識されにくいせいであろうか。目的語が代名詞の場合には、それが文の主題と解釈されることで、その名詞句が単に被使役者ではなく同時に補文の動作主主語としても機能していることがより明確に感じられるようになり、構文上の位置が認識されやすくなるということではないのだろうか。

　以上、副詞句の非明示主語の解釈と主題との関係について考えてきたが、主語以外の要素がどのような場合にコントローラーになれるのかという問題についてはさらに細かな考察が必要であろう。例えば、次の例では主語に比べて目的語の主題性は高いと考えられるが、文としては成り立たない。

(41)　*Les pierres {lui/me} sont tombées dessus en {se/me} promenant. (KAYNE (1977) による)

おそらく動詞の意味構造をも考慮する必要があろうが、それは今後の課題である。

第四章　関係文法におけるフランス語の倒置構文、非人称構文の扱いについて

はじめに

　関係文法において、「主語」、「直接目的語」等の文法関係は、構文を形成する上で各言語にとって共通の基本的な概念となる。しかし、それら文法関係が名詞句の形態及びその語順にどのように実現されるかは各言語の個別の規則によっており、特に語順に関しては表層の文法関係に依存すると仮定されてきた。フランス語やイタリア語において、主語は文頭の位置にくると通常考えられている[1]。ところが、それらの言語における非人称文、倒置文の場合、意味上の主語、いわゆる「実主語」あるいは「倒置主語」の位置は、通常の主語位置である文頭ではない。従って、上の仮定に従うならば、少なくとも次の二つの解釈が可能であろう。まず第一に、その要素は、少なくとも表層では「主語」ではないと考える。あるいは、第二に、その要素が表層でも「主語」であるとした上で、そのために文頭とは別にもう一つの主語位置を仮定するか、あるいは、それらの構文は基本語順の上にさらになんらかの語順変換の規則が適用された結果であるとする考え方である。この二つの解釈のうち、LEGENDRE、PERLMUTTER、POSTAL、ROSEN 等による従来の研究においては、専ら、第一の解釈がとられてきた。すなわち、非人称要素が最終層で主語として機能することで、「実主語」や「倒置主語」は本来の主語機能を失ってしまい（い

---

(1)　フランス語の場合の基本的な語順は次のようになる。
　　NP　V　NP　NP　X
　　　1　P　2　3　obl
　（1: 主語、2: 直接目的語、3: 間接目的語、P: 述語、obl: 斜格）

わゆる「失業者」になって)、その結果、動詞の後の位置に現れるのだという説明である。第二の解釈がとられなかったことは、変形文法的な考え方を排するところから出発した関係文法においては、ある意味で、当然の方向であったと言えるかもしれない。しかし、以下に見るように、ただ単純に基本語順と文構成要素の文法関係のネットワークを考えるだけでは二つの構文の違いが捉えきれず、変形的な規則を導入せざるをえない部分が明らかに存在する。本論では、フランス語の場合を中心に、まず、従来の解釈の不備な部分を指摘した上で、倒置文と非人称文は同列には扱えないこと、そして、倒置文については第二の解釈を導入すべきであることを述べる。

1 従来の見解について

関係文法において、フランス語について専ら話題になってきたのは非人称構文であり、倒置構文についての研究は筆者の知る限り見当たらない。その点、二つの構文がほとんど常に同時に論じられてきた生成文法における研究とは対照的である。非人称構文についても、研究論文の数は決して多くはない。大抵の場合、他の言語の類似した構文について提案された仮説がフランス語にも適用されうるかどうかという形で、議論が進められることが多かったようである。例えばROSEN (1988)ではイタリア語の倒置構文と平行させるかたちで、フランス語の非人称構文が論じられている。ROSENによれば、"arriver"のような反対格動詞を述語とする場合、人称文、非人称文の構造は以下のようになる。

(1) a. Le train est arrivé.
 b. Il treno è arrivato.

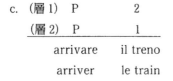

   c. (層1) P 2
    (層2) P 1
     arrivare il treno
     arriver le train   (ROSEN (1988: 95))

第四章 関係文法におけるフランス語の倒置構文、非人称構文の扱いについて　59

(2) a. Il est arrivé des journalistes.
 b. Sono arrivati dei giornalisti.

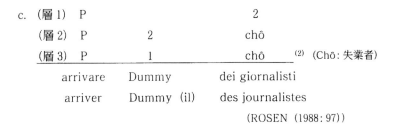

 c. (層1)　P　　　　　　　　　2
　 (層2)　P　　　2　　　　　　chô
　 (層3)　P　　　1　　　　　　chô　　(2)　(Chô: 失業者)
　　　　arrivare　Dummy　　dei giornalisti
　　　　arriver　 Dummy (il)　des journalistes
　　　　　　　　　　　　　　　(ROSEN (1988: 97))

この図式で特徴的なことは、非人称要素が、一般の名詞句と同様に、複数の文法関係を持つことができ、他の名詞句を失業させてしまうだけの機能を有しているactifな要素として扱われていることである。細かい部分では多少の差はあるものの、同様な構造がPOSTALやLEGENDREによってフランス語の非人称受動文についても提案されてきた。次の例はLEGENDRE (1990) による。まず、反対格動詞による非人称文の場合である。

(3) a. Il est arrivé trois femmes. (inaccusatif)

 b. (層1)　　　　P　　　　2
　 (層2)　　　　P　　　　1 (3)
　 (層3)　1　　P　　　　chô
　　　　il　arriver　trois femmes

---

(2) Dummyの2から1への昇格は複合形で助動詞"essere"を選択するために必要、また、NPが1に昇格しないのは"ne"による接辞化が、「主語」が後置された場合に限って可能であることを説明するために必要となる。
　Ne sono arrivati molti./*Molti ne sono arrivati.
　NPが失業者となることについては、倒置文で副詞句（たとえばda＋不定詞）のコントロールが不可能になることがその根拠とされている。
　　Dei profughi ungheresi sono rimasti a Roma tanto tempo dopo la guerra da sentirsi romani.
　*Sono rimasti dei profughi ungheresi a Roma tanto tempo dopo la guerra da sentirsi romani.
　　　　　　　　　　　　　　　　　(BLAKE (1990: 76))
(3) NPの2から1への昇格は、ROSENの場合とは逆に、副詞句のコントロール機能を説明するために導入される。

60

ここでは、先の図式とは異なり、非人称要素が最終層で主語としてのみ導入されているが、次の反能格動詞による文の場合には、ROSEN の場合と同様な非人称要素の扱いが見られる。

(4)　a.　Il dormait un chat dans le coin de la pièce. (inergatif)

　　b.

(層1)		P	1	obl
(層2)		P	2 [4]	obl
(層3)	2	P	chô	obl
(層4)	1	P	chô	obl
	il	dormir	un chat	dans le coin de la pièce

これらの説明をまとめると次のようになる。

　①非人称要素は、他の一般の名詞句と同様、複数の文法関係（主語あるいは直接目的語）を持つことができ、他の名詞句を失業させるに十分な機能を持つ。
　②非人称文、倒置文の「実主語」、「倒置主語」は表層では失業者である。

フランス語の非人称構文の場合、すでにこの根本的な部分で、いずれの点においても大きな問題が生じることは、第一章で指摘したとおりである。以下、その問題点を簡単に要約しておくと、まず、第一の点に関しては、意味上は何の実体もないはずの非人称要素が他の要素に影響を与えうるとは考えにくい。それに、フランス語では非人称要素は主語の形でしか現れず、それが直接目的語の関係を持つかどうかは確かめようがない。

(5)　a.　Il court. → Je l'ai vu courir.
　　b.　Il a plu. → Je (*l') ai vu pleuvoir.　(KAYNE (1977 : 223))

第二の点に関しては、非人称文の「実主語」が失業者であることを示すこと自

　　　Qu'il disparaissent tant d'enfants en rentrant de l'école, toi, ça te laisse indifférent?
　　　　　　　　　　　　　　　　　　　　　　　　　　　(LEGENDRE (1990 : 114))
(4)　NP の 1 から 2 への降格は "en" による代名詞化が可能であることを説明するため。
　　　Il en a sauté beaucoup (d'otages) par la fenêtre.　(LEGENDRE (1990 : 94))

第四章 関係文法におけるフランス語の倒置構文、非人称構文の扱いについて　61

体が不可能である。「実主語」はむしろ直接目的語である可能性がはるかに高いのである。その証拠として次の事実を指摘することができる。①動詞の直後に置かれる、②否定文で否定冠詞の "de" があらわれる、③代名詞 "en" を使うことができる、④実主語に対応する疑問詞が "que" である。特に③の、接辞になれるということは失業者であるという主張に対して強力な反証となりうる。

(6) a. Il arrive beaucoup d'invités.

    b. Il n'arrive pas d'invités.

    c. En ce moment, des gens, il en arrive beaucoup.　(RIVIÈRE: 29)

    d. Que serait-il arrivé si j'avais accepté.　(朝倉：263)

通常の他動詞の直接目的語と区別される点は、原則として不定名詞句でなければならないことであろう。しかし、これは非人称構文の「実主語」に特有の性質であって、他の構文で失業者であると考えられている名詞句には見られない現象である。従って、その効果が、主語や直接目的語の性質を失うことによって生みだされたとは考え難い。また、LEGENDRE の解決法のように、非人称要素が他の名詞句を自由に失業させられるというのであれば、他動詞が一般に非人称構文をとらないことさえも説明できなくなる。

(7) a. Il mange chaque jour une dizaine de personnes dans ce restaurant.

    b. *Il mange chaque jour des steaks une dizaine de personnes dans ce restaurant.　(RIVIERE: 27)

従って、第一章においては、「実主語」は基底構造から表層に至るまで一貫して直接目的語の関係を持つ、以下の図式に示したような、より単純な形での非人称構文の図式を提案したのであった。

(8) a. Il est arrivé trois femmes.

	b. (層1)		P		2
	(層2)	1	P		2
		il	arriver		trois femmes

2 倒置文について

ここで倒置文について考えてみよう。例をいくつか観察してみれば、先の
ROSEN の議論が単純に過ぎるものであることはすぐに明らかになる。まず、
イタリア語の倒置文とフランス語の非人称文は、実はかなり違ったものである
ところから見ておこう。

(9) a. Il treno è arrivato.

   b. È arrivato il treno.

(10) a. *Il est arrivé le train.

   b. *Est arrivé le train.

フランス語の非人称文では、いわゆる「実主語」となる名詞句は大抵の場合不
定名詞句であり、とくに前方照応の定名詞句は不可能である。イタリア語の場
合には一見そのような制約がないように見える。その意味では、フランス語の
非人称文よりも、倒置構文により近いと言えるかもしれない。

(11) a. Il ragazzo ha parlato (con Pietro).

    (Le garçon a parlé avec Pietro.)

   b. Ha parlato (con Pietro) il ragazzo.

(12) a. Il ragazzo ha mangiato un dolce.

    (Le garçon a mangé un gâteau.)

   b. Ha mangiato un dolce il ragazzo. (BELLETTI (1988: 7))

しかし、倒置文どうしを比較して全く同じというわけではない。フランス語で
は文頭に副詞句などがなければ倒置をすることができないことが多いし、その
場合でも、直接目的語が動詞の後にあると倒置はやはり不可能になる。イタリ
ア語の場合、(12) の例にも見られるように、そのような制約はない。

(13) a. *A la sortie du théâtre attendaient *les acteurs* une foule d'ad-
      mirateurs.

第四章　関係文法におけるフランス語の倒置構文、非人称構文の扱いについて　63

b. A la sortie du théâtre *les* attendaient une foule d'admira-
teurs.　　　　　　　　　　　　　（東郷・大木（1986: 9-10））

また、さらに事態を複雑にするのは、イタリア語においても、倒置がいつも可
能というわけではないという事実である。フランス語非人称文の「実主語」の
場合と同様、イタリア語倒置文の「倒置主語」が不定名詞句であることが要求
される環境が確かに存在する。

(14)　a.　All'improvviso è entrato un uomo dalla finestra.
　　　　　（tout à coup il est entré un homme de la fenêtre）
　　　b. *All'improvviso è entrato l'uomo dalla finestra.
　　　　　（*tout à coup il est entré l'homme de la fenêtre）
(15)　a.　Era finalmente arrivato qualque studente a lezione.
　　　　　（il était enfin arrivé quelques étudiants au cours）
　　　b. *Era finalmente arrivato ogni studente a lezione.
　　　　　（*il était enfin arrivé tous les étudiants au cours）
　　　　　　　　　　　　　　　　　（BELLETTI（1988: 9））

先の例と異なっているのは「倒置主語」の位置である。制約がなかった先の例
では文末であったが、上の例文では動詞の直後に置かれている。つまり、イタ
リア語には、少なくとも二種類の倒置文が存在するということである。これら
を説明するために、BELLETTI は、生成文法の立場から、次の二つの構造を
仮定した。

(16)　（ⅰ）e [$_{vp}$ V NP...]　（NP は直接目的語の位置）
　　　（ⅱ）e [[$_{vp}$ V....] NP]　（NP は VP の付加要素）

BELLETTI によれば、（ⅰ）で倒置主語にいわゆる「不定名詞句効果」が現
れるのは、NP に部分格（partitive case）が付与されるためであるという。そ
の格付与の問題を除いては、これらの構造は、BURZIO、KAYNE、POL-
LOCK 等によって、倒置主語の "ne" 接辞化における、反対格動詞と反能格動
詞の許容度の違いを説明するために、以前より提案されてきたものと基本的に

64

は変わりはない。

(17) a. Sono arrivati *molti amici.* ⇨ *Ne* sono arrivati *molti.*
(sont arrivés beaucoup d'amis)

b. Hanno telefonato *molti amici.* ⇨ **Ne* hanno telefonato *molti.*
(ont téléphoné beaucoup d'amis)

確かに、（ i ）、（ ii ）の構造にそれぞれ反対格動詞、反能格動詞をあてはめて、
"ne" による代名詞化が目的語位置からのみ可能であると仮定すれば、この対
比は難なく説明できるようになる。ただ、さらに BELLETTI が付け加えるに
は、単に反対格／反能格という動詞のカテゴリーに従って構造が二分されるの
ではなく、反対格動詞による文のみを考えた場合においてさえ、それら二つの
構造を持ちうる可能性があるというのである（倒置主語が定名詞句の場合は（ ii ）
のみ、不定名詞句の場合は（ i ）、（ ii ）のどちらも可能）。この考え方は先の RO-
SEN のものよりはるかに説得力があるように思われる。実際、BELLETTI の
システムを採用すると、フランス語との対応関係はより鮮明になる。フランス
語の非人称文が対応しているのは明らかに（ i ）の構造だけであり、（ i ）は
筆者の提案した図式 (8) b にそのままあてはめることができる。一方、倒置
文に対応するのは（ ii ）の構造であると考えておそらく間違いないであろう。
後に見るように、倒置文の「倒置主語」は一般に文末に置かれなければならず、
動詞句内の他の要素をその後に置きにくいという制約があるが（例文 (25) 参
照）、（ ii ）を仮定すれば、その現象を構文上から説明することができるように
もなるのである。ただ、関係文法の枠組みに置き換えて考える際に、問題とな
るのは、動詞句の付加要素と考えられている「倒置主語」の文法関係である。
従来の考え方によれば、文末位置は主語の位置ではない。先の ROSEN 流の
解釈に従えば、「倒置主語」は表層では失業者ということになろう。しかし、
その場合、本来の主語を失業させる要素は何かという問題が生じてしまう。倒
置文では、通常の主語位置である文頭には副詞句以外、何も現われない。そこ
に非人称要素的な要素を何か仮定するのであれば、フランス語は、"il" 以外に、
音形のない非人称要素をもう一つ持たなければならなくなってしまう。新たな
非人称要素を組み込むことは理論的には不可能ではないかもしれないが、しか

第四章　関係文法におけるフランス語の倒置構文、非人称構文の扱いについて　　65

し、その存在を検証することは困難であろう。一方で、「倒置主語」が失業者とは考えられないことを示す有力な証拠として、ジェロンディフのコントロール機能をあげることができる。

(18)　Devant la mairie passait en fredonnant un ivrogne.

ジェロンディフのコントロール機能は、一般に、表層の主語に特有の性質のはずである。「倒置主語」が表層でも主語なのであれば、文末の位置に置かれるのは基本の語順規則からは外れていることになり、表層レベルでのなんらかの語順の変換規則が適用された結果によるものであると考えるのが妥当であるように思われる。我々はここで次の規則を提案することにしよう。

(19)　フランス語の倒置文は、主語名詞句の文法関係の変換ではなく、表層
　　　での主語位置を文頭から文末に移動することによってつくられる構文
　　　である。

3　「倒置主語」の主語性について

ただし、倒置主語が、単に位置の移動のみに関わるものではなく、文頭主語と比較して、主語としての在り方自体が変化しているという議論がある。機能文法の立場から、東郷・大木（1987）では、各構文における「実主語」の主題性のスケール（Topicality Scale）、主語性のスケール（Subjectivity Scale）として、以下の例文とともに次のような階層性が提案されている。

(20)　人称構文＞倒置構文＞非人称構文

主題性については、例えば、総称名詞句などは topicality が高く（つまり主題として解釈されやすく）、それらの構文によって、主題の位置から外されると、談話構造上の矛盾が生じるために、非文になるという。

(21)　a.　Tout homme se forme à travers les épreuves.
　　　b.　?À travers les épreuves se forme tout homme.
　　　c.　*À travers les épreuves il se forme tout homme.　（東郷・大木

(1987 : 8))

また等位接続においても、いわゆるゼロ照応は最も topicality の高い名詞句の照応手段であるがために、それらの構文では非文になるという。

(22)　a.　Tout d'un coup, un homme entra et s'assit dans un fauteuil.
　　　b.??Tout d'un coup entra un homme et s'assit dans un fauteuil.
　　　c.　*Tout d'un coup, il entra un homme et s'assit dans un fauteuil.　(ibid.: 8)

主語性については、従来より主語の特性のひとつと考えられてきたジェロンディフのコントロール機能が、倒置文、非人称文と順次低下するという。

(23)　a.　Devant la mairie, un ivrogne passait en fredonnant.
　　　b.　?Devant la mairie passait un ivrogne, en fredonnant.
　　　c.　*Devant la mairie, il passait un ivrogne en fredonnant.　(ibid.: 10)

倒置構文が主語名詞句の主題性の低下に大きく関わっていることは、主語位置の後方への移動という点から見てもっともなことであると思われるし、我々の議論と何も矛盾しているわけではない。しかし、主語性に関してはどうか。上の例を見る限りでは、確かに彼らの言うとおりに見える。ところが、b の許容度については、そのままでは確かに不自然ではあるが、ジェロンディフを文末から倒置主語の前まで移動させれば許容度はかなり改善されるのである。一方、非人称文の場合にはそのようなことはない。

(24)　a.　Devant la mairie passait en fredonnant un ivrogne.
　　　b.　*Devant la mairie, il passait, en fredonnant, un ivrogne.

東郷・大木も指摘しているように、倒置主語は有標の焦点であると考える十分な理由がある。次の例にも見られるように、倒置主語の後にさらに別の要素を加えると不自然になる場合が多い。

(25)　a.　Dans ce débat ont été discutés les problèmes de l'éducation

第四章　関係文法におけるフランス語の倒置構文、非人称構文の扱いについて　　67

　　　　morale.

　　b.*?Dans ce débat ont été discutés les problèmes de l'éducation
　　　　morale par des pédagogues français et japonais.　（東郷・大木
　　　　(1986: 4)）

つまり、(23) b文の不自然さは、主語性の低下のせいというよりも、これら
の例と同様に、文末にさらに別の要素が加えられていることがその原因なので
はないか。少なくとも、(24) bからは、ジェロンディフのコントロールに関
して、倒置主語も人称文の主語と同様の機能が保証されていることは明らかで
あろう。従って、談話構造に関わる部分と統語構造に関わる部分をわけて考え
れば、上に提案した規則で問題はないと考えられる。

4　"en" の文法関係について

　最後に、我々の説明に残されている大きな問題として、不定代名詞の "en"
について考察しておこう。"en" は、従来から、直接目的格の不定代名詞と考
えられてきた。上記の構造に従えば、「倒置主語」は表層でも主語であって、
直接目的語ではない。従って、その「倒置主語」については "en" は使えない
はずである。ところが、東郷・大木 (1987) では倒置構文において倒置主語に
も直接目的語の性質が見られるとして、"en" が用いられた次のような例が示
されている [5]。

　(26)　À ces premières tentatives en ont succédé d'autres.　（東郷・大木
　　　　(1987: 9)）

実際、次の例では直接目的代名詞の "les" がありながら、なおかつ倒置主語を
"en" に置き換えることができる。

---

(5)　同論文では、否定文での、いわゆる否定冠詞 "de" の使用も報告されている。ただ、この場合は
　　義務的ではない。
　　a.　Dans cet immeuble habitent des travailleurs portugais.
　　b.　Dans cet immeuble n'habitent pas de (des) travailleurs portugais.

(27)　a.　*A la sortie du théâtre attendaient les acteurs une foule d'ad-
mirateurs.

b.　A la sortie du théâtre les attendaient une foule d'admira-
teurs.　(ibid.: 9-10)

c.　A la sortie du théâtre les en attendaient d'autres (admira-
teurs).

ここで当然問題となるのは、従来考えられてきたように "en" が直接目的語で
あると本当に言えるのかどうかということである。もしそうならば、上の文で
は直接目的語が二つあることになってしまうが、しかしフランス語では、少な
くとも単文において、通常それはありえないはずである。ここでいくつかの考
え方が可能であろう。

① 「倒置主語」に限って、例外的に主語の、"en" による接辞化が可能にな
る。

② 「倒置主語」は直接目的語であり、そのために "en" による接辞化が可能
になる。

③ "en" による接辞化が可能かどうかは、その文法関係には依存しない。

①の場合、複数の "en" を認めることになり、直接目的語としての "en" の統一
的な説明は放棄せざるをえない。②の場合、上の例文において、"les" が表層
で直接目的語でないとはまず考えられない。従って、仮に "en" が同時に表層
で直接目的語であるとすれば、文が同一層で直接目的語を二つ持てることにな
ってしまい、従来より仮定されてきた層単一の原則は放棄せざるをえなくなっ
てしまう。それを避けるためには、"en" が表層ではなく別のレベルで直接目
的語であると考えざるをえない。しかしその場合でも、動詞の本来の直接目的
語であるはずの "les" が存在する以上、"en" が基底構造で直接目的語であった
はずもない。だとすれば、別の文法関係から直接目的語に昇格あるいは降格し
たことになる。しかしながらその場合には、"en" が直接目的語になった時点
で、それと同時に "les" は層単一の原則により失業してしまい、一度失業して
しまうと失業原則により文法項にはもどれないはずである。いずれにしても、

第四章　関係文法におけるフランス語の倒置構文、非人称構文の扱いについて　　69

今までの仮説の基本的な部分を大幅に変更せざるをえない。従来の考え方の枠内で解決しようとすれば、結局のところ、③しか可能性はないように思われるが、しかし、その場合にも、大きな問題が残る。"en" 化がその文法関係に依存しないのであれば、それを決定するのは、その名詞句の形態及び位置関係、あるいはその意味ということになろう。間接目的語などは "en" には置き換えられないのだから、名詞句の意味のみが関与するとは考えられず、おそらくは、その名詞句の形態や位置といった、より形式的な性質が基本的な決定要因になっているはずである。"en" 化は、直接目的語と動詞の後に置かれた「主語」に限定されている。よって、前置詞なしで動詞の右に置かれた不定名詞句であることが、"en" 化のための必要条件ということになるのだろうか。

　しかし、それだけで "en" の問題が解決されるとは言い難い。反対格動詞として分類される動詞が述語として使われているとき、"en" が可能になる場合が多いが、不自然な場合もある。次の例では許容度は低い。

(28)　a.　le jour où sont arrivés beaucoup de garçons
　　　　b.??le jour où en sont arrivés beaucoup　(KAYNE (1984: 11-12))

これを、次の自然な非人称文の例と比較すれば、当初の予想通りの結果であるように見えるかもしれない。

(29)　le jour où il en est arrivé beaucoup　(KAYNE (同上))

ところが倒置文であっても、上の文で、倒置主語を「人」から「物」に変えると、許容される文になる。

(30)　a.　le jour où sont arrivées beaucoup de lettres
　　　　b.　le jour où en sont arrivées beaucoup

しかし、倒置主語が「人」だから不自然だということでもないらしい。

(31)　a.　Qu'en soient sortis peu/beaucoup/tant (de spectateurs) pendant le spectacle, toi, ça te laisse indifférent?
　　　　b.　?Qu'en soient sortis deux, de spectateurs, pendant le specta-

cle, toi, ça te laisse indifférent?

c. ? Qu'en aient vécu trois dans cette forêt, toi, ça te laisse indiffé-
rent?　(POLLOCK　(1986: 243-44))(POLLOCK は非文と判断)

さらに、次のような文も可能である。

(32) a. Après ce garçon en sont arrivés d'autres.

b. Il y a beaucoup d'ivrognes dans cette ville, et devant la mai-
rie en passaient souvent plusieurs.

c. Il y a beaucoup d'ivrognes dans cette ville, et devant la mai-
rie en est passé un tout à l'heure.

文の許容度がいかなる条件に影響されるのか、今のところ明らかではない。い
ずれにせよ、自動詞の場合、"en" が使える可能性がかなりあるらしいが、他
動詞については、ほとんど不可能なように思える。

(33) a. Après ce garçon l'ont signé d'autres.

b.??Après ce garçon l'en ont signé d'autres.

(34) a. Après ce garçon {l'/m'} ont insulté encore d'autres.

b.??Après ce garçon {l'/m'} en ont insulté encore d'autres.

(35) a. Avec ce garçon {le/me} regardaient d'autres.

b.??Avec ce garçon {l'/m'} en regardaient d'autres.

(36) a. Avec ce garçon {l'/m'} écoutaient d'autres.

b.??Avec ce garçon {l'/m'} en écoutaient d'autres.

(37) a. Après ce garçon {l'/m'} espionnaient encore d'autres.

b.??Après ce garçon {l'/m'} en espionnaient encore d'autres.

しかし、他動詞についても、先に見た "attendre" のように、わずかではある
が次のような例がある。

(38) a. Après ce garçon l'attendaient encore d'autres.

b. Après ce garçon {l'/m'} en attendaient encore d'autres.

(39) a. Après ce garçon {l'/m'} guettaient encore d'autres.

第四章　関係文法におけるフランス語の倒置構文、非人称構文の扱いについて　71

　　b.⑺Après ce garçon {l'/m'} en guettaient encore d'autres.

今のところ、これら二つ以外の他動詞は見当たらない。先に仮定したように、
"en" 化の可能性がただ単にその位置のみに依存し、最終的な変形によってお
こなわれるのであれば、他動詞において、その可能性がこれほどまでに限定さ
れてしまうのも、逆に奇妙な話である。"attendre"、"guetter" については、
他の他動詞とは同列には扱えないのかもしれない。実は、これらの動詞は非人
称文をとることができて、直接目的語を持ちながら、同時に「実主語」を
"en" に置き換えることができる。

　(40)　a.　Il m'attendait/?guettait bien des problèmes.
　　　　b.　Il m'en attendait/?guettait bien d'autres.

他動詞が非人称構文をとれること自体が非常に稀なことなのであるが、これら
の問題についてはさらにデータの蓄積と検討が必要である。

第五章　POSTAL によるフランス語受動文の解釈について

はじめに

　POSTAL は JOHNSON & POSTAL（1980）以来、Arc Pair Grammar という独自の枠組みにおいて、フランス語構文についての研究を精力的に進めているが、POSTAL の論考には、単に理論の提示にとどまらず、常にまず新たな言語事実の掘り下げがあり、それに沿っての理論やシステムの改変が常時試みられている点において、非常に興味深いものがある。本稿で取り上げる論文でも、従来、真正面から取り上げられることの少なかった受動の意味を持つ使役文の特殊な構文について、それを受動文全体のなかでいかに位置づけるかという面白い問題が扱われている。POSTAL が特に問題としているのは彼が re-sumptive（再述代名詞）と呼ぶ次のようなタイプの文である。

(1)　a.　Daniel se fera moquer de lui（par Jean）.
　　　b.　Pierre s'est discuter de lui par le comité.　（POSTAL（1996 : 396, 417））

フランス語の使役文が、使役動詞に再帰代名詞を伴うときに、使役本来の意味から離れて受動文的な意味を持つことはよく知られていることであるが、re-sumptive タイプの文の特徴は、次の例と比較した場合に明らかなように、前置詞 "de" を伴う動詞の補語が、それに対応する主語（そして再帰代名詞）の存在にもかかわらず、そのまま代名詞の形で残されている点にある。

(2)　Marcel s'est fait renverser par une voiture.

POSTALによれば、それらの文が英語のいわゆる前置詞残留 (preposition stranding) を伴った疑似受動文と類似した構造を持っているというのである。ただし、彼の説明には一般化を急ぐあまりに、見落とされている部分や議論のたて方で疑問に思われる部分も少なくない。以下では、まず、POSTAL の受動文一般に対する考え方を要約して、問題の構文についての彼の説明を紹介したあと、その問題点について検討する。なお、Arc Pair Grammar で使われている図式は弧や矢印など記載上複雑な部分があるので、以下では、より一般的な関係文法の図式に置き換えて、必要な部分を要約しながら議論を進めていく。

1 POSTAL の受動文解釈

従来関係文法において、受動文については、助動詞を考慮せずに次のように簡略化された図式によって論じられることが多い。

(3) a. La voiture sera lavée par les étudiants.

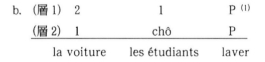

しかし、フランス語のように助動詞をとる言語においては、主動詞と助動詞の構文上の位置関係が当然問題となる。DAVIES & ROSEN (1988) では、補文に従来の図式をそのまま当てはめて、主動詞に項をとらない助動詞を置く、文融合による次のような図式が提案されている。

---

(1) 1: 主語、2: 直接目的語、3: 間接目的語、P: 述語、chô: 失業者。
　なお、この受動文についての基本図式自体に問題がないわけではない。この図式の批判については第一章を参照されたい。

第五章　POSTAL によるフランス語受動文の解釈について　　　75

(4)　(層1)　2　　　　　　　　P　　　　　1
　　　(層2)　1　　　　　　　　P　　　　　chô
　　　(層3)　1　　　　P　　　chô　　　chô
　　　　　la voiture　　être　　laver　　les étudiants
　　　　　　　　　　　　　　　　　(DAVIES & ROSEN : 53 による)

ところが、受動文の過去分詞については、使役（受動）文の不定詞とは異なり、中性代名詞で受けられることや主題化できるなど、それが「失業者」になっているとは考えにくい性質がある。

(5)　a.　Pierre a été chassé par un gorille.
　　　b.　Pierre s'est fait chasser par un gorille.
　　　a'. ?Chassé par un gorille, Pierre l'a certainement été.
　　　b'. *Chasser par un gorille, Pierre se l'est certainement fait.
　　　　　　　　　　　　　　　　　(POSTAL（1985 : 51))

そのことから、POSTAL（1985）は、être による受動文に関して、文融合ではなく「下位述語（Sous-prédicat）」の概念を用いた解決法を主張した。提案された図式は以下のとおりである。

(6)　(層1)　P　₂[　2　　　　　1　　　　　P　]
　　　(層2)　P　₂[　1　　　chô　　　　　P　]
　　　(層3)　P　　　2　₇[　chô　　　　　P1　]
　　　(層4)　P　　　1　₇[　chô　　　　　P1　]　(P1 : Sous-prédicat, 7 : sous-objet) (2)
　　　　　　être　　Pierre　un gorille　chasser

(7)　(層1)　P　₂[　2　　　　　1　　　　　P　]
　　　(層2)　P　₂[　1　　　chô　　　　　P　]
　　　(層3)　P　　　2　　　chô　　　　　U
　　　(層4)　P　　　1　　　chô　　　　　U　(U : Union) (3)
　　　　　se faire　　Pierre　un gorille　chasser

----
(2)　この "Sous-prédicat" による説明の問題点については、木内（1991）を参照されたい。

(POSTAL（1985: 52）による)

この図式によると、補文主語は機能継承原則により補文の文法関係を引き継いで直接目的語として主文に引き上げられ、その後で反対格昇格により主語に昇格する。その後、使役文の場合には文融合によってすべての要素が主文に引き上げられることになるが、それに対して、受動文においては、補文主語以外の要素はそのまま補文にとどまり、補文自体は2から7（下位目的語（sous-objet））となり、補文述語も下位述語という形でそのまま補文内部に残されてしまう。従って、文融合の場合のように補文述語と主文述語の一体化は起こらず、それ故に補文のみの主題化や代名詞化が可能になるというのである。

POSTAL（1992）では、さらにPhantom Successorという概念が導入されて、受動文には次のような構造図式が提示されることになった。

(8)　a.　La voiture sera lavée par les étudiants.

b.

(層1)	P	[	2		1	P	]
(層2)	P	[	(1)		chô	P	]
(層3)	P		2	[	chô	P1	]
(層4)	P		1	[	chô	P1	]

　　　　　　 sera　　　la voiture　　les étudiants　　lavée

(POSTAL（1992: 311）による)

補文においては、従来の考え方通り、直接目的語名詞句の主語への昇格により本来主語であった名詞句はその文法関係を失ってしまう。ところが、補文の要素が主文に引き上げられる際に、主語に昇格しているはずの名詞句はその主語の関係が次の層で新たな関係に引き継がれることなく消滅してしまい、それ自体があたかも存在していなかったかのように、その直前の文法関係（つまりこの場合は直接目的語）から主文へと引き継がれていくというのである。その消滅してしまう文法関係をPOSTALはPhantom Successorと呼ぶ。

Phantom Successor導入の発端となったのは、faire parタイプの使役文に

---

(3)　POSTALのシステムでは、文融合により、補文述語はPからUに引き継がれる。

第五章　POSTAL によるフランス語受動文の解釈について　　77

おける構文解釈についての問題である。faire par タイプの使役文と受動文との間には名詞句の照応関係などに極めて類似した性質があると同時に、単純に受動文との関連性だけでは説明されえない部分があることは KAYNE 以来何度も指摘されている。その一つに、補文が受動文の形になっているとすれば、使役文の不定詞の直接目的語名詞句はその受動文の主語に相当するはずであるが、その名詞句に主語としての機能が認められないということがある。例えば、直接目的語には一般の主語名詞句に見られるような副詞句のコントロール機能が欠けている。

(9)　a.　Le maire$_i$ fera tuer les étudiants$_j$ par la police$_j$ ø$_{i,*j}$ en hurlant.

　　b.　J'ai fait critiquer Jacques par la princesse sans {m'/*s'} en rendre compte.

また、LEGENDRE (1994) は、以下のような目的語上昇構文について、それが本来の直接目的語からのみ可能であり、派生の段階を経て直接目的語となったと考えられる名詞句には目的語上昇が起こらないことを明らかにした。その上で、目的語上昇の構文が faire par タイプの使役文においても可能であることから、上昇する目的語は補文における最終主語ではなく、従って、補文は受身の形にはなっていないことを主張した。

(10)　a.　Cet idiot sera difficile à faire (*se) taire.

　　b.　Cette voiture sera difficile à faire laver par l'étudiant.

LEGENDRE に従えば、faire par タイプの使役文は次の図式のようになる。

(11)	(層1)	1	P	[	2	1	P	]
	(層2)	1	P		2	chô	U	
		on	fera	la voiture	les étudiants	laver		

ただし、このように考えると、今度は逆に faire par 使役文と受動文との関連性が構造上では示せなくなる。そこで、POSTAL が考えたのが、補文に受動文の形を組み込ませながら、受動文の主語となるはずの補文の最終主語を最終主語として機能させなくしてしまうやりかたである。すなわち、faire par 使

役文は次のような構造を持つ。

(12)	(層1)	1	P	[	2		1	P	]
	(層2)	1	P	[	(1)		chô	P	]
	(層3)	1	P		2		chô	U	
		on	fera		la voiture	les étudiants		laver	

(POSTAL (1992:308) による)

補文内で直接目的語から主語に昇格する名詞句は、補文主語を失業させはする
けれども、その昇格した主語の文法関係自体が実は Phantom Successor であ
って、次の層で新たな関係に引き継がれることなく消滅してしまい、その直前
の文法関係が主文へと引き継がれていく。そして、POSTAL はこの仕組が
faire par タイプの使役文の補文だけではなく、受動文一般にあてはまると主
張するのである。

2 使役受動文の解釈

POSTAL は se faire＋不定詞のタイプの受動的使役文も上記の受動文の一
般化の中に組み込むことができると考える。POSTAL によれば、受身の faire
は使役文のときとは異なり、通常の受動文における助動詞 être と同様、意味
の上では空であり、本来主語を持たない述語であるという。また、通常の受動
文とは異なり、使役受動文では、直接目的語からだけではなく間接目的語も主
語にたてることが可能になる。これは、文融合によって補文の間接目的語をそ
のまま主文に引き上げることができるからであって、主文に入った間接目的語
は、反対格昇格と同じ仕組により、さらに主語にまで昇格するのだという。従
って、POSTAL のシステムにおいては、受動文における faire の接辞となる
再帰代名詞は、意味を持たない単なる機能的な要素に過ぎない。通常の使役文
の場合とは異なり、不定詞の目的語が対応しているのは、être による受動文
と同様に、主語名詞句なのであって、再帰代名詞ではないのである。以上を図
式化すると次のようになる。

第五章　POSTAL によるフランス語受動文の解釈について　　79

(13)　a.　Michel se fera répondre par Louise.

b.

(層1)	P	₂[	3		1		P	]
(層2)	P	₂[	(1)		chô		P	]
(層3)	P		3		chô		U	
(層4)	P		1		chô		U	
	se faire		Michel		Louise		répondre	

(POSTAL (1996: 402) による)

再述代名詞の場合もほぼ同じ派生過程をたどることになるが、斜格名詞句 [4]
は直接に主語には昇格せず、まず目的語への昇格があり、それと同時に、斜格
のコピーが代名詞の形で残される。POSTAL が英語の疑似受動文との類似を
見出すのはその部分である。

(14)　a.　Michel se fera moquer de lui par Louise.

b.

(層1)	P	₂[	6			1		P	]	(6=Quasiobject)
(層2)	P	₂[	3	6		1		P	]	
(層3)	P	₂[	(1)	6		chô		P	]	
(層4)	P		3	6		chô		U		
(層5)	P		1	6		chô		U		
	se faire		Michel	lui		Louise		moquer		

(POSTAL (1996: 415) による)

(15)　a.　Peter was talked to by the guard.

---

(4)　POSTAL は "de NP" の名詞句を Quasiobject と呼び、6 の記号で表わしている。なお、(16)
の英語の受動文で "to NP" の名詞句は Semiobject (=5) と呼ばれ、英語の場合には、コピーさ
れたあと、最終的に Flag という関係に引き継がれて代名詞は表層には現われなくなる。

b.	(層1)	P	$_2$[	5		1	P	] (5 = Semiobject)
	(層2)	P	$_2$[	2	5	1	P	]
	(層3)	P	$_2$[	(1)	5	chô	P	]
	(層4)	P	2	[5		chô	P1	]
	(層5)	P	1	[F		chô	P1	] (F = Flag)

was Peter to (himself) guard talked

(POSTAL (1996 : 392) による)

斜格が直接に主語に昇格しない理由については、斜格が表層においてもそのままの形で残され、省略できないということ ((16) b)、また、(16) c のように、昇格する名詞句が斜格名詞句内に所有者という形でコピーを残す場合があることが指摘されている。

(16)　a.　Daniel se fera moquer de lui (par Jean).

　　　b.　*Daniel se fera moquer (par Jean).

　　　c.　Daniel se fera moquer de ses oreilles (par Jean).

また、(14) b で、斜格名詞句が補文内で目的語へ昇格するときに、それが直接目的語ではなく間接目的語になることについては、次のような事実が指摘されている。知覚動詞を使って、使役受動文を文融合によりその内部に埋め込んでしまう場合に、使役受動文の主語が不定詞の直接、間接のどちらの目的語に対応するかで、許容度に違いが認められる。そして、resumptive の場合は間接目的語のパターンに相当するというのである。

(17)　a.　J'ai vu se faire arrêter Claude par la police.　(直接目的語)

　　　b.　*J'ai vu se faire téléphoner Claude par quelqu'un.　(間接目的語)

　　　c.　*J'ai vu se faire moquer Claude de lui par quelqu'un.

(POSTAL (1996 : 420))

なお、resumptive 構文は動詞によってかなり制限されるようで、POSTAL が可能な動詞、不可能な動詞として例にあげているのは次のとおりである。ただし、彼はそれらの動詞の意味的な関連性等には何も言及していない。

第五章　POSTALによるフランス語受動文の解釈について　　81

(18)　a.　(可能な場合) se charger, se défier, se désintéresser, se ficher,
se foutre, se gausser, se jouer, se marrer, s'occuper, se plain-
dre, se rappeler, se rire, se séparer, se servir, abuser, causer,
douter, jaser, parler

b.　(不可能な場合) s'approcher, se débarrasser, se défaire, se désen-
gager, se désespérer, se déshabituer, s'enticher, s'éprendre, s'in-
quiéter, se lasser, se soucier, se souvenir, bavarder, débattre,
discourir, douter, hériter, rêver, saisir, triompher, vouloir

また、resumptiveにおける斜格名詞句に関して、POSTALは興味深い事実
を指摘している。"de NP"は単文では"en"によって問題なく代名詞化できる
のに対して、使役受動文のなかに入ってしまうとそれが不可能になってしまう。

(19)　a.　Georges se moque d'elle.

b.　Georges s'en moque, de Louise.

c.　Louise s'est fait moquer d'elle par Georges.

d.　*Louise s'en est fait moquer par Georges. (POSTAL (1996: 407))

POSTALによれば、これは斜格名詞句自体が再帰代名詞的に機能しているこ
とによるものであって、次の例に典型的に見られるように、派生主語と接辞の
再帰代名詞は両立不可能であるという一般原則により説明できるのだとしてい
る。

(20)　a.　Jean sera décrit à lui-même par sa femme.

b.　*Jean se sera décrit par sa femme.　(KAYNE (1975: 375-376))

以上がPOSTALの説明の要約である。

3　問題点

上記の説明に従えば、確かに通常の受動文と使役受動文を構文の上で同じ原
理によって把握することができるようにはなるが、いくつか納得しがたい部分

があるのも確かである。まず、Phantom Successor のような実体の検証が不可能な概念を説明の要として利用できるのかどうか [5]、また、反対格昇格に倣う形での 3→1 昇格が仮定できるのかといったことが疑問となるが、ここでは関係文法の枠を超えて大きな問題となるに違いない次の二点に関してだけ指摘しておきたい。助動詞の意味、それにその主語となる名詞句の派生過程についての問題である。

　まず、助動詞に関して、POSTAL は意味を持たない機能的な要素であると考えているが、単純にそうとは言い切れないところがある。林（1987: 51）が CULIOLI を引用して、使役受動文で表わされる動作は「相互主体的な動作に限られ」ており、「主体も動作主も人間かそれに同一視される活動体でなければならない」として、次のような例をあげている。

(21) a. L'avion s'est fait abattre par un chasseur ennemi.

　　 b. *L'arbre s'est fait abattre par un bûcheron.

　　 c. Dans la salle de cinéma, elle se fait ennuyer par un homme.

　　 d. *Elle se fait ennuyer par cette affaire.

従って、助動詞が意味を持たない要素であるとはやはり考えにくい。また通常の受動文との使い分けに関しても、さらに細かい記述が必要であろう。助動詞に関連して、もう一つの大きな問題は、その主語名詞句が本当に補文の目的語から派生したものかということである。例えば、WASHIO（p. 54）が指摘する次のような文がある。

(22) a. Jean s'est fait broyer sa voiture par un camion.

　　 b. Jean s'est fait broyer la voiture de Marie par un camion.

　b 文はあまり自然ではないが、例えば Marie の車が潰れることで Jean が精神的に非常に大きな痛手を受けるというような、Jean がその出来事に深く関わっていることを示すようなコンテクストさえあれば不可能ではない。いずれ

---

(5)　Phantom Successor の導入は、LEGENDRE などの議論に見られる、非人称文における非人称要素の導入の仕方を思わせるものがある。問題は、その存在をいったいどのように正当化できるのかということである。非人称文における問題点については第一章参照。

第五章　POSTAL によるフランス語受動文の解釈について　　83

の文においても、WASHIO が指摘するように、主語は不定詞の目的語には対
応しておらず、補文からは導きようがない。先に見たように、POSTAL 自身
も次のような文の存在を指摘している。

(23)　Michel se fera moquer de ses oreilles par Louise.

この文は、resumptive の主語が不定詞の前置詞句補語から直接に派生したも
のではないことを示す証の一つとしてとりあげられたものである。しかし、こ
の文について POSTAL の示す図式 (p. 414) によれば、間接目的語に昇格する
のは 6 (quasiobject) の関係を持つ名詞句そのものではなく、そこから分離し
た "oreilles" の所有者 "Michel" のみであって、その昇格と同時に所有者だけ
が所有形容詞のかたちでコピーとして残されるという、通常の resumptive と
はかなり状況が異なる奇妙な説明になっている。仮にこの POSTAL の説明が
正しいとすれば、所有者のみの分離は、6 だけからではなく、(22) a のよう
に直接目的語からも可能なはずである。だとすれば、通常の resumptive と同
じように、不定詞の直接目的語が使役受動文の主語に対応する (24) のような
場合、それ自身がコピーの形で残される可能性も生じるはずである。ところが
実際にはそのようなことは起こりえない。次のように再帰代名詞を本来の位置
に明示してしまうと、resumptive の場合とは逆に、文は「使役」しか表わさ
ず、「受身」の意味は失われてしまうのである。

(24)　a.　Marcel s'est fait renverser (??lui-même) par une voiture.
　　　b.　Michel s'est fait répondre à (??lui-même) par Louise.

従って、少なくとも、主語名詞句が不定詞の補語に直接対応しない場合までも、
それを派生によって説明しようとするのはかなり無理があるのではないか。
　POSTAL は使役受動文の助動詞が本来主語を持たない機能的な要素である
という考えから出発したために、このような議論になってしまうのであろう。
逆に、TASMOWSKI-DE RYCK & VAN OEVELEN (1987) のように、使
役文と使役受動文は構文的には同じものであって、それら二つの意味は使役文
が本来持っている基本的な部分に既に存在しているという説明もないわけでは
ない。使役受動文が通常の使役文と構造の上では基本的に同じものだとすれば、

助動詞の前に現われる再帰代名詞は単に機能的な意味を持たない要素なのではなくて、不定詞の直接あるいは間接目的語となる要素であると考えることも可能であろうし、また、再帰代名詞 "se" は、それらの文法関係にしか対応できないが故に、resumptive の場合に、その形がそのまま残されてしまうとも考えられるのではないか。ただし、先にも見たように、再帰代名詞が不定詞の補語に対応しない場合がある。(22) のようなタイプの文では主語の「人」が受ける影響の度合ということが文の許容度を決定する大きな要因となる。その条件からすぐに連想されるのは、再帰代名詞が、いわゆる「拡大与格」的なものとして機能する場合もあるのではないかということである。おそらく、POSTAL のいうように使役受動文全体を一律に説明することは困難であり、再帰代名詞の在り方も、構文上の制約と意味的な制約によるものを分けて考える必要があるように思われる。

　以上、POSTAL の受動文についての考え方を紹介し、その問題点のいくつかを指摘したが、はじめに述べたように、POSTAL は Arc Pair Grammar の枠組みで議論を展開しており、従来の関係文法の図式では捕えきれない部分が勿論ある。本稿での紹介はあくまで概略である。POSTAL の理論に興味を持たれた方は、ぜひとも彼の著書や論文にあたられたい。再帰代名詞の構文的な機能についてはさらに検討していかなければならない。また、受動文が自然かどうかの判断が単に動詞の意味の問題ではなく、コンテクストに大きく依存するものであることは良く知られているが [6]、それはおそらく使役受動文においても同様なはずである。resumptive が可能かどうかについても、動詞の語彙的な分類ですませられるとはとても思えない。受動文と使役文、そして使役受動文との間の意味的な関連性と相違点について、様々な状況でのさらに細かな観察が必要であろう。

---

(6)　例えば、高見 (1995) 参照。

第六章　フランス語の受身的解釈を受ける
使役文について

はじめに

　使役動詞の faire が再帰代名詞を伴うとき、使役本来の意味から離れて、次のように受身的表現として使われることがある。

(1)　Elle s'est fait renverser par un camion.

このような文を解釈する場合、上記の文を、意味的には異質ではあるがあくまで一般的な使役構文との関連の中で捉えていこうとするのか、あるいは、通常の使役文とは別の構文であると考えるのか、少なくとも二通りの見方が可能であろう。前者としては、例えば TASMOWSKI-DE RYCK & VAN OEVE-LEN (1987)、後者としては POSTAL (1996) 等の研究があるが、以下では、前者の方向の議論を補強するかたちで、受身的解釈は主語名詞の意図性の有無、主語名詞と不定詞で表される事態との関わりかたのあり様等が総合された結果として生じるものであり、それらの文タイプの諸特徴はあくまで使役文本来の性質の中で捉えられるべきであることを主張する。TASMOWSKI-DE RYCK & VAN OEVELEN については既に林 (1989) にも紹介と論評があるが、それらでは扱われなかったタイプの文の検討と、他の説明との比較を通して、もう一度問題全体を、再帰代名詞の在り方を中心に考えなおしてみたい。

1　受身的使役文の主語の性質、及び問題点

　受身的使役文の主語は、通常の受動文のそれとは異なり、単なる被動作主で

はなく、不定詞で示される行為や事態の生起に関わる参与者的あるいは起因者
的な役割を常に担っているということについては既に多くの指摘がある。

(2) a. *Il a consenti à être {hospitalisé/soigné/...}.

b. Il s'est fait {hospitaliser/soigner/...} (*contre sa volonté). (林
(1987 : 53))

c. -Et Jules?-Le pauvre garçon {a été rayé/*s'est fait rayer} de
nos listes. Il est mort.

(TASMOWSKI-DE RYCK & VAN OEVELEN : 47)

d. Elle est folle. Elle {se fera écraser/*sera écrasée} par le tram-
way. (GAATONE : 242)

TASMOWSKI-DE RYCK & VAN OEVELEN はとりわけその点に注目して、
主語は起因者、そして再帰代名詞は事態の受け手として分けて考えることで、
問題の構文が本質的には通常の使役構文と同じであることを主張したのであっ
た。実際、フランス語においては、通常の使役文においても、主語は必ずしも
人間であるとは限らないし、人であっても、被使役者に対して常に意図的な働
きかけがあるわけではない。主語が単に行為や事態の起因者的な役割を担って
いるにすぎない例は決して珍しくはないのである。以下の例では、主語は使役・
者というよりは、事態のきっかけとなる、単なる関与者、起因者的なものであ
る。

(3) a. Ça (me) fait pleurer/rire/réfléchir.

b. Ça lui faisait monter des larmes aux yeux.

c. Par un geste inconsidéré, le Chef de nage fait accélérer ses coé-
quipiers. (TASMOWSKI-DE RYCK & VAN OEVELEN : 45)

ただし、TASMOWSKI-DE RYCK & VAN OEVELEN で論じられているの
は、不定詞の目的語が再帰代名詞に対応するような例だけである。そうではな
いが明らかに受身的である次のようなタイプの文は取り上げられていない。

(4) a. Daniel se fera moquer de lui (par Jean). (POSTAL : 396)

b.　Elle s'est fait évaporer la moitié de son flacon de parfum.

問題はこれらの文をどのように扱うかである。a 文では再帰代名詞に相当する名詞が不定詞の代名詞補語としてそのまま残されているし、b 文では再帰代名詞が不定詞とは構文的に結びつかない。しかし、これらの文を説明するために、通常の使役文とは別の構造を仮定しようとすると、少なからぬ問題が生じてしまうようである。次に、その方向での解決を試みた POSTAL (1996) と WASHIO (1993) を例に、それらの問題点を指摘したうえで、それとは別の方向からの解決法を探ってみることにしたい。

2　POSTAL (1996) と WASHIO (1993)

POSTAL (1996)[1] によれば、再帰代名詞を伴う受身的使役文においては、助動詞 faire は単なる機能語であって、その接辞となる再帰代名詞もそれ自体は意味を持たない形式的な要素に過ぎない。そして、通常の受動文と似た派生過程を経て、主語は不定詞の目的語、あるいはそれに類する補語から生じるのだという。従って、次のような文で、使役解釈の場合には不定詞の間接目的語が対応するのは再帰代名詞であるが、受身解釈の場合にはそれが対応するのが主語名詞となり、解釈に応じて全く異なる構造を持つことになる。

(5)　Michel se fera répondre par Louise.

　　← 　Michel fera［Louise répondre à Michel］ （使役解釈）

　　← 　φ fera［Louise répondre à Michel］ （受身解釈）

また、次のように、主語名詞が、それと同一指示のはずの要素が不定詞の補語として代名詞の形でそのままの位置に残されたり、対応する能動文の中に補語としてあらわれない場合がある。

(6)　a.　Daniel se fera moquer de lui (par Jean).

　　b.　Daniel se fera moquer de ses oreilles (par Jean). (POSTAL: 396)

---

(1)　ここでは概略のみ説明するが、詳しくは本書第五章を参照されたい。

POSTAL によれば、a 文では斜格名詞句 (de NP) 全体、b 文ではその斜格名詞句の中の所有者の部分のみが主語に昇格し、そのときに、それぞれのコピーが代名詞の形で残されるのだという。しかし、この説明には疑問点が多い。まず、文によっては、次のように主語名詞が不定詞のいかなる補語にも対応しない場合がある。このようなときには主語名詞を補文からは派生させようがない。

(7)　Jean s'est fait broyer la voiture de Marie par un camion.　(WA-SHIO: 66)

主語に昇格できる要素を、補語の名詞句から分離されるという所有者から、さらに拡張して事態への関与者にまで拡げれば、ある程度の問題の解決は図られるかもしれない。しかし、その前に、何故そのような分離が可能になるのか、どのような場合にそれがコピーという形で残されるのかをまず明らかにしなければならない。にもかかわらず、それについては何の説明もない。また、受身的用法における助動詞 faire がそれ自体は意味を持たない機能的な要素であるという説明も受け入れにくい。確かに、受身的用法においては、主語は動作主ではない。しかし、単なる被動作主というわけでもない。それが事態の関与者、起因者的な役割を担っていることは先に見たとおりであり、その点においては、受身的な使役文は通常の受動文よりも一般の使役文にはるかに近いものがある。POSTAL のように使役文と受身文で別々の faire を仮定してしまうと、その部分についての説明がつかなくなってしまう。

　WASHIO (1993) には、問題の構文は再帰代名詞が入ることで使役と受身の間で両義的になるという、POSTAL とは別の観点からの説明がある。WA-SHIO では文の統語構造ではなく、もっぱら意味構造の問題として議論されている。それによれば、再帰代名詞を伴う使役文は通常の使役文とは意味構造が異なっており、使役と受身の両方の意味を持つことができる。そして、再帰代名詞を伴う場合においては、主語の「人」が不定詞句で表される「出来事」を引き起こす「行為者」になるのか、あるいはその「人」がその「出来事」によって影響を被る「被動者」となるのか、影響を及ぼす方向性が本来定まっておらず、両義性はその方向についての解釈の違いから生じるのだという。

person → event（使役的解釈）／person ← event（受身的解釈）

鷲尾（2003）では（p. 57）、フランス語は「受動の解釈を受けた FAIRE 構文は必ず再帰代名詞 SE を伴う」、また「意味レベルで β 束縛が導入されたことを形式で明示するタイプの言語」という。つまり、「意味レベル」である規則が導入された結果、「受動の解釈を受け」、再帰代名詞の役割はその「明示化」ということになると思われる。しかし、これは POSTAL の説明も同様であるが、それが何故再帰代名詞によって「明示」されるのかという説明は見あたらない。先の POSTAL や WASHIO の例のように、不定詞の項として解釈できない場合には再帰代名詞の役割記述は、それだけでもある程度はすませられるのかもしれない。

(8) a. Daniel se fera moquer de ses oreilles (par Jean). （POSTAL：396）

   b. Jean s'est fait broyer la voiture de Marie par un camion. （WASHIO：66）

しかし、再帰代名詞が不定詞の項として解釈できる場合にはどうなるのであろうか、

(9) Elle s'est fait renverser par un camion.

その再帰代名詞は不定詞の項と「β 束縛」の明示化の機能を同時に兼ねるということになるのであろうか。それについての説明もない。いうまでもないことであるが、再帰代名詞は使役文に限って現われるものではない。一般の再帰代名詞の、再帰、受動、中立等、様々な用法との関連性のなかで、使役文自体の中にも存在する複数の再帰代名詞の用法のありかたが捉えられなければ、フランス語の問題の使役文で、何故他の要素ではなく再帰代名詞なのかという説明にはならない。その部分の議論がほとんどなしに、単に faire と se faire は解釈が違うから構造が違うというだけであれば、いかに複雑な構造図を示したところで、それは現象の一記述に過ぎず、原理的な説明にはなりえないであろう。

　次に、se faire 文と faire 文を受身の解釈が可能かどうかで構造を分けてし

まう考え方への疑問として、受身的な解釈を受けるためには再帰代名詞は必ず
しも必要ではないということがある。使役文の主語が単なる参与者、起因者で
あって、出来事から主語への影響さえ認められれば、それだけで受身的な解釈
が可能になる場合がいくらでもある。

(10)　a.　(Par inattention,) Jean {a/s'est} fait démolir sa voiture par
　　　　un camion.
　　　b.　Il {a/s'est} fait disparaître sa voiture. (pour toucher l'assur-
　　　　ance)

受身とは何かという定義にもよるであろうが、鷲尾の「出来事から個体へと及
ぶ影響性」(p. 57) ということならば、上のように主語の指示対象が同時に出
来事の被害者や被益者であるような例は、再帰代名詞の有無にかかわらず、当
然受身に相当すると解釈されるはずである。
　また、再帰代名詞を機能語としてしまうことの問題点として、次のようなこ
ともある。再帰代名詞があるときに、使役文は使役と受身の両解釈が確かに可
能になるが、だからといって、使役的解釈の場合に、再帰代名詞がつかないと
きと文が同じ意味になってしまうというわけでもない。

(11)　Jean {a/s'est} fait broyer sa voiture par un camion.

上の文で、受身的解釈の場合には Jean はもちろん出来事の影響を被る被害者
であるが、使役的解釈の場合においても Jean が大きな影響を被るという意味
が強く現れる点では全く同様であり、受身的なときとは逆に、使役者側に強い
受益、上の例でいえば不当な利益を得るためにあえてそうさせたというような
意味がかなり明確に感じられるようである [2]。このようなことからも、再帰
代名詞は単なる機能語ではないと考えられるのである。

---

(2)　文の置かれる状況をもう少し明らかにするかたちで（あくまで、様々に想定できる状況のうち
　　のひとつとしてということであるが）、受身的、使役的な解釈をそれぞれ次のように、起因をより
　　具体的に表現しなおして言い換えることができる。
　　　a.　Son manque d'attention lui a fait broyer sa voiture par un camion. (et il ne peut
　　　　plus travailler)
　　　b.　Sa malhonnêteté lui a fait broyer sa voiture par un camion. (pour toucher l'assurance)

3 再帰代名詞と拡大与格の関連

ここで、問題の構文を、先に紹介した TASMOWSKI-DE RYCK & VAN OEVELEN の議論にならって、起因者としての主語とその結果を被る側としての再帰代名詞を分けて解釈できないかどうかもう一度考えてみよう。確かに、不定詞の項構造から見れば、POSTAL が問題としたような文では、再帰代名詞が不定詞の補語から派生した要素であるとは考えにくい。

(12) a. Daniel se fera moquer de lui（par Jean）．（＝（6）a）
　　　b. Jean se（＊lui）moquera de Daniel.

しかし、フランス語において、事態の結果を被る人間が、その事態を表す動詞の項構造とは関係なく文中に現れるということがないわけではない。すぐさま連想されるのは、次のような、LECLÈRE が「拡大与格（datif étendu）」と呼んだ間接目的代名詞である。以下の文で与格名詞は、述語で表される行為や事態の直接の受け手ではないが、その出来事の関与者であり、その出来事の結果が被害や恩恵等のかたちで最終的に及んでいく人間を表している。

(13) a. On（lui）a démoli/réparé sa voiture．（KAYNE（1977: 165））
　　　b. On（lui）a cassé sa vaisselle．（LECLÈRE: 68）

LECLÈRE の指摘するように、行為や事態から直接に影響を受けるもの（上例では直接目的語）と与格名詞が表す人との間に所有関係などの直接のつながりは必ずしも必要ではない。そして、同じ状況さえ整えば、使役文にも拡大与格は確かに現れ得る。

(14) a. Ils（m'）ont fait disparaître ma voiture.（ma voiture（＊m'）
　　　　　a disparu）
　　　b. On（lui）fera mourir son chien．（son chien（＊lui）mourra）
　　　　　（KAYNE（1977: 291））

つまり、先の文も含めて、使役文における不定詞の直接の補語とは解釈できない再帰代名詞は、文で表される行為や事態の被害者、受益者としての拡大与格が使われているのではないかと考えられるのである。

文によっては拡大与格は省略できるが（例えば (13), (14)）、実際、WA-SHIO の例のような使役文においても、受身的な解釈を受けるためには再帰代名詞は必ずしも必要ではない。使役文の主語が単なる起因者、関与者的なものであって、出来事から主語への影響さえ認められれば、それだけで受身的な解釈が可能になる場合が他にいくらでもある。

(15)　a.　(Par inattention,) Jean {a/s'est} fait démolir sa voiture par un camion.

　　　b.　Il {a/s'est} fait disparaître sa voiture. (pour toucher l'assurance)

　　　c.　Elle {a/s'est} fait tomber en panne sa machine à laver la vaisselle en la remplissant trop.

　　　d.　(Par inattention) Paul {s'est/a} fait brûler ses chaussures par une cigarette.

　　　e.　(Par inattention) Il {a/s'est} fait arroser ses vêtements par le jet d'eau.

　　　f.　Elle {a/s'est} fait évaporer la moitié de son flacon de parfum.

また、藤村 (1989b) で、身体部位を表す表現に関して「被動の程度が強い場合には与格補語を使うのが原則である」と述べられている。

(16)　a.　Il lui a cassé le bras./*Il a cassé son bras.

　　　b.　Le chien m'a mordu la main./*Le chien a mordu ma main.
　　　　　(藤村：80, 82)

次の例では、(15) よりも主語が被る影響がより直接的であるが、その場合に再帰代名詞が必要になるところを見ると、それが義務的になるかどうかはやはり主語が被る影響の度合いが関わっているようである。

第六章 フランス語の受身的解釈を受ける使役文について 93

(17) a. Elle s'est fait courir après par ses amis.

    b. *Elle$_i$ a fait courir après elle$_i$ par ses amis [3].

(18) a. Il s'est fait tirer dessus par les soldats.

    b. *Il a fait tirer sur lui par les soldats (par inattention).

問題のタイプの使役文における再帰代名詞が拡大与格であると考えれば、上記の現象の他、先の POSTAL の例文で不定詞の前置詞つきの補語がそのままの形で残されることも納得できるようになる [4]。

ただし、不定詞がとくに他動詞の場合、拡大与格が不定詞の補語としての拡大与格に由来するようにも見えるものがある。

(19) a. Jean s'est fait démolir sa voiture par un camion.

    b. Le camion (lui) a démoli sa voiture.

しかし先の (15) b、c、f のような、不定詞が自動詞または本質的代名動詞の文は明らかにそうではない。(14) a、(20) c、(21) c に見られるように、それらの動詞には拡大与格が現れにくいし、他動詞としての用法もない。よって、少なくともこれらの例については、与格代名詞は不定詞の補語から派生したものではなく、「faire＋不定詞」全体の補語と考えるのが妥当であろう。

(20) a. Elle s'est fait évaporer la moitié de son flacon de parfum.
       (= (15) f)

    b. La moitié de son flacon de parfum s'évapore.

    c. *La moitié de son flacon de parfum se lui évapore.

    d. *On (lui) évapore la moitié de son flacon de parfum.

(21) a. Elle s'est fait tomber en panne sa machine à laver la vaisselle en la remplissant trop. (= (15) c)

    b. Sa machine à laver la vaisselle tombe en panne.

    c. ? Sa machine à laver la vaisselle lui tombe en panne.

---

(3) Elle$_i$ a fait courir ses amis après elle$_i$. は可能。しかしこの場合に受身には解釈できない。

(4) ただし、(14) b が可能なのに対して、Il {a/*s'est} fait mourir son chien. となる。再帰代名詞の場合にどのような制約が加わるのかさらに検討が必要である。

94

  d. *On (lui) tombe en panne sa machine à laver la vaisselle en
   la remplissant trop.

従って、使役文に現れる拡大与格は、不定詞の補語に由来するものと「faire
＋不定詞」全体の補語になっているもの、少なくとも二種類を考えておく必要
があろう。

4　日本語の場合

　日本語でも使役表現が拡張されて受身的な意味を表す場合がある。これはい
わゆる使役文に限らず一般の他動詞文の場合も同様である。他動詞文や使役文
の主語は動作主として理解されやすいが、必ずしも意図的であるとは限らない。
例えば、中右・西村（1998）では次のような例があげられている。

 (22) a. 太郎は（梯子から落ちて）腕／足を折った／折ってしまった。
   b. 陽子は風で帽子を飛ばした／飛ばしてしまった。
   c. 恵子は昨年の震災で母の形見の着物を焼いてしまった。
   d. 戦争／交通事故で息子を死なせた／死なせてしまった父親／母親
              （中右・西村（1998: 166-168））

他に「させる」を使ったものとしては例えば次のような文である。

 (23) a. 私の監督不行届きで息子に大変なことをさせてしまって申し訳あ
     りません。
   b. 彼は自分の不注意から子供を危険な目にあわせてしまった。

いずれの場合も、自分が関与した行為や出来事の結果を自分自身に被ってしま
ったという例である。西村は、これらの文で表現されている事態を「プロトタ
イプから大きくはずれる使役行為」と呼び、それらが可能になるのは、含意さ
れる事態が生起するのを未然に防ぐことのできる立場にあったという解釈がな
されているからであると考える。つまり、主語は非意図的ではあるが引き起こ
される事態の起因者あるいは関与者であり、そこに受身的な意味が生じるのは、

主語が出来事の起因者あるいは関与者であると同時に、その出来事が主語になんらかの影響を与える性格のものであり、そのことで後悔の念や被害者意識等が生じる結果になっているということである。これはフランス語の使役文が受身的な解釈を受ける場合の状況と非常によく似ている。

　先にも述べたように、西村の日本語の例と同じように、フランス語でも、使役文の主語が意図的ではない単なる関与者や起因者的なものであって、出来事から主語への影響さえ認められれば、拡大与格的な再帰代名詞が入らなくても、それだけで受身的な解釈が可能となる。

(24)　(Par inattention,) Jean {s'est/a} fait démolir sa voiture par un camion.

ただ、しかし上のような「不注意から」というようなコンテクストなしでそのような解釈にはやはりなりにくい。それには、上記の日本語の例で、「しまう」がなければ文としてはおさまりが悪くなる場合が多いということと似た状況があるように思える。西村のいう「プロトタイプからはずれている」というのは、別の言い方をすれば、可能性はあってもそれだけでは主語が非意図的な単なる起因者としては解釈されにくいということであって、それを補うために、主語の非意図性、及びその結果生じる困惑等を明確に表現するための手段として「しまう」がつけられるのだと考えられる。フランス語の使役文の場合も同様、主語に人間がきてしまうと、どうしても行為者的、意図的な解釈が優先されてしまうために、それが被害者や受益者である場合にはそのことを明らかにするために再帰代名詞が必要とされるのではないか。

　もうひとつ別に、使役文と類似した構文で、使役と受身の解釈が曖昧になる場合として、「てもらう」文がある。

(25)　a.　花子は太郎に車を買ってもらった。
　　　b.　花子は太郎にそこに行ってもらった。

これらの文では、無理に頼んでそうしてもらったという使役的解釈と、思ってもいなかったのにそうしてもらったという受身的解釈の両方が可能になるが（「させる」文とは異なり「てもらう」文では主語が受益者であることが前提となる）、

いずれの場合にも、出来事の結果が主語の指示対象にも及ぶという点では同じである。主語の関与性や意図性の度合いが文脈によって揺れ動くために両義的な解釈が生じるという、フランス語の使役文の両義性とやはり同じ仕組みを仮定することができるだろう。

5 使役文の動作主の形態、および拡大与格について

再帰代名詞を伴う使役文の場合、動作主名詞句が à NP ではなく par NP の形をとることについては既に多くの指摘がある。POSTAL のように、それを意味ではなく構文上の形式的な規則として位置付けている研究もあるが、ここで問題の構文を使役文全体の中で捉えようとする以上、より一般的な使い分けについての議論が必要であろう。

使役文における動作主名詞句の形態の使い分けに関しては、筆者の知る限り、談話の場における被動者の突出度を基準とした藤村（1989a）の説明が最も説得力があるように思われる。藤村によれば、一つの命題は述語を軸に（命題内の主要構成員である）行為者と被動者の関係が中心となる。使役文のように被動者性を帯びた要素が複数あるときには、その中で最も突出度の高い要素が命題の主要な被動者と認められるのであって、その突出度はその結果性（被動の強さ）および話者にとっての重要性（談話内での話題性）の度合いによってはかられることとなる。使役文の場合、主要な被動者が被使役者であれば、その被使役者は（間接または直接）目的語となり、逆に主要な被動者が不定詞の目的語であれば、被使役者は par NP の形で現れるという。

次のように、物理的な意味で直接目的語の被動の程度が明らかに異なる次のような場合が典型的であるが、

(26)　a.　Il a fait détruire la ville {*à/par} Jean.

　　　b.　Il a fait connaître la ville {à/*par} Jean.　（藤村 (1989a: 40)）

出来事のあり方自体は同じであっても、主題的なものほど中心的な被動者として解釈される。例えば、発話の場における発話者たちは他人に関してよりも自分たちに何が起こったのかを中心にして語りがちであり、目的語が一、二人称

第六章　フランス語の受身的解釈を受ける使役文について　　　97

の場合には発話の直接の参加者であるが故に、三人称の場合に較べて、それが
中心的な被動者であるという解釈が優勢になりやすい。

(27)　a.　Il l'a fait oublier {à/*d'} Adèle.

　　　b.　Il m'a fait oublier {*à/d'} Adèle.　(ibid.: 48)

また、次のように、主題として解釈されやすい代名詞は間接目的語としてあら
われやすく、逆に par NP については新情報的な解釈が要求される傾向にある
(a も b のように焦点として解釈できる場合には可)。

(28)　a.　J'ai fait suivre une femme {par mon mari/*par lui}.

　　　b.　C'est par lui que j'ai fait suivre une dame.

　　　c.　Je lui ai fait suivre une femme.　(ibid.: 50)

しかし、par NP は常に新情報的なものに限られるわけではなく、藤村の指摘
するように直接目的補語に強い変化が認められる場合には代名詞も許容される
ようになる。

(29)　a.　*On fera manger ce gâteau par lui.

　　　b.　On fera tuer son mari par lui.　(ibid.: 50)

つまり、使役文というのは「(誰かにさせた結果) 対象がどうなるのか」と「誰
にそうさせるのか」というふたつの事態があって、それがひとつの文にまとめ
て表現されており、その二つのうちのどちらかがより中心的に (認知的により
突出したものとして) 理解されるのかによって動作主名詞句の形態の使い分けが
起こるということである。そして、どちらがより中心的になるかは、出来事の
性質と同時に、談話の場における話題性や主題性などの条件が加わった、総合
的な結果として判断されるのである。

　再帰代名詞を伴う使役文についても同様に考えることができるだろう。再帰
代名詞が不定詞の項である場合、それが既出の主語と同じ対象を表しているた
めに、まず主題的なものとして解釈されやすく、そのために、「(誰かにさせた
結果) 対象となるその人がどうなるのか」のほうが、「誰にそうさせるのか」
ということよりも、より中心的に理解されやすいはずである。その場合には再

帰代名詞が主要な被動者ということになり、被使役者は par NP の形をとるこ
とになる。使役文が受身的解釈を受ける場合には、再帰代名詞の被動者性がさ
らに強められ、不定詞の動作主の被使役者としての解釈が弱まることでその傾
向が強まるはずである。

　また、再帰代名詞が拡大与格の場合には、「対象がどうなるのか」、「誰にそ
うさせるのか」に加えて、「誰にその結果の影響が生じるのか」が同一文内に
現れる。藤村（1989b）、大木（1989）では、身体部位に関わる表現に関して、
述語の表す事態の結果が身体部位にとどまらず、その部位の所有者にまで影響
が及ぶ度合いが強ければ強い程に拡大与格が現れやすく、その影響が明らかで
ある場合には拡大与格の使用が義務的になるという事実から、拡大与格は主要
な被動者であると結論づけている。

> (30)　a.　Il lui a cassé le bras./*Il a cassé son bras.
>
> 　　　b.　*Tu lui aimes bien les yeux./Tu aimes bien ses yeux.　（藤村
> 　　　　　(1989b: 79, 80)）

拡大与格は身体部位に限らず、所有物に関しても同様な現れ方をし、対象に具
体的な影響が認められることが、拡大与格の現れる条件となる。

> (31)　a.　On lui a démoli/réparé/sali sa voiture.
>
> 　　　b.　On lui a tué son chien.
>
> 　　　c.　On lui a cassé sa vaisselle.　（以上三例、KAYNE（1977: 165）及び
> 　　　　　LECLÈRE: 67–69)
>
> 　　　d.　*On lui aime sa voiture.

使役文における拡大与格も、事態の結果の影響が最終的に及んでいく人間を表
しているという点では上例と同じはずである。実際、例えば次のように、拡大
与格がなければ与格形が可能であっても、拡大与格があると、不定詞の動作主
名詞句には par NP の形が要求される。

> (32)　a.　On fera marcher Jean sur tes bras.
>
> 　　　b.　Elle fera tirer les soldats dans le ventre de Paul.

a'.*On lui fera marcher Jean sur le bras.

b'.*Elle lui fera tirer les soldats dans le ventre. （以上四例、
KAYNE（1977: 299））

a".?On lui fera marcher sur le bras par Jean.

b".?Elle lui fera tirer dans le ventre par les soldats.

身体部位に関わる表現と同様に拡大与格が主要な被動者になるということであれば、動作主名詞は主要な被動者から外されてしまって、それが par NP の形で現れるのは当然の帰結であろう。

6 拡大与格と日本語の間接受身文

フランス語の拡大与格に関して、日本語の間接受身文との比較から、もう一言だけ述べておきたい。WASHIO（p. 79）、鷲尾（p. 55）に「私は妻に書類を燃やされた」という文が「大事な書類を燃やされた」という意味と「（例えば妻がなんでも紙なら燃やしてしまうという悪癖があって）それをまたやられた」という両方の解釈が可能であるのに対して、フランス語の "Je me suis fait jeter des papiers au feu par ma femme." は前者の解釈しかないということが指摘されている。フランス語の場合には先の例にも見たとおり、KAYNE、LECLÈRE 以来度々指摘されてきたように、動詞の表す事態が身体部分や所有物等に対して何らかの具体的な影響があり、その結果が人にまで及ぶという事態が想定されなければ拡大与格を用いることはできない。つまり、拡大与格はその人の被害を受ける所有物の存在を前提としているのであって、上記の文における再帰代名詞を拡大与格と考えるのであれば、その解釈上の制約は当然のこととして理解できるようになる。上の例でいえば、大事な書類を燃やされた場合はそれが「私」の被害に直接結びつくが、それに対して、燃やされたものがさして重要ではない場合には、何かを燃やされたことはともかく、燃やされたもの自体は「私」に直接には被害として結びつかないということである。従って、後者の場合、拡大与格は現れることができず問題の文は不可ということになる。一方、日本語の間接受身文は一般に複文構造と考えられていて、補文に

100

ついては、「雨に降られる」等に典型的に見られるように、自動詞であろうが他動詞であろうが構文上の制約はなく、補文で表される事態の内容をまるごと被害の原因として提示できるのである。当然のことながら、フランス語の拡大与格のように事態の直接の受け手となる目的語的な名詞句の存在は補文内では前提とならない。フランス語との解釈の違いが生じるのはそこからであろう。上記の日本語の例のふたつの解釈については、被害を受けた「書類が燃やされた」という事態において、その「書類」が「私」にとって大事なものだったのか、そうでなかったのかという状況の違いから生じるものであって、あえて構文や意味構造の違いを仮定する必要はないように思われる。

　以上、受身的な使役文について、構造的には通常の使役文と同様であると考えるべきであり、再帰代名詞は引き起こされる事態の受け手を表しており、不定詞の直接の目的語の場合と拡大与格の場合の二通りが考えられるということを述べた。主語名詞の意味役割については、「起因者」や「原因」という名称では鷲尾の批判にある通り、字義どおりにとられかねず、確かに不十分である。むしろもっと漠然とした「関与者」、「参与者」くらいにしておくべきかもしれない。それと、今の例のように、再帰代名詞なしでも受身的な解釈を受ける場合には、主語が「使役者」(受身的な場合には「関与者」、「参与者」)であると同時に「被害者」あるいは「受益者」であったりするということであるから、主語名詞句のありかた、および名称についてはさらに検討が必要であろう。
　なお、本稿で問題になった以外で、もうひとつ別のタイプの再帰代名詞つきの使役文がある。受身的な使役文の主語は一般に人間であることが多いが、必ずしも無生物が主語になれないというわけではない。無生物が主語にくるのは、例えば、se faire entendre/sentir/attendre/remarquer のような場合がある。ただし、それらは TASMOWSKI-DE RYCK & VAN OEVELEN の指摘にもあるように (p. 56)、動作主補語をつけることができない [5]。従って、それら

──────────

(5)　次のような例文における、文中の "par NP" は明らかに remarquer の「動作主」や「主語」的なものではない。使役文中の "par NP" は動作主以外に仲介者や手段などをも表すことができ、この場合も単に副詞句でしかない。
　　　Le pavillon du milieu [..] se fait remarquer par l'élégance de quelques sculptures sobre-

は語彙化されていると考えるか、それとも代名動詞の受身的用法か中立用法に近いものと考えるのか、いずれにしても、今まで見てきた再帰代名詞の再帰的な使い方の例とは別に考えるべきもののように思える。本稿では使役文から出発して再帰代名詞の用法を考察してきたのだが、代名動詞全体の用法の中で問題を捉えなおせば、無生物が主語の場合を含めて、別のより一般的な議論が可能になるかもしれない。それは今後の課題である。

---

ment distribuées.（BALZAC）

第七章 関係文法における日本語受動文の扱いについて

はじめに

　日本語の受動文には、間接受動文の存在や間接目的語から主語への昇格など、関係文法における一般的な考え方とは外れたように見える現象がいくつかある。以下では、日本語受動文の構文のありかたについて考えていくが、まず、日本語受動文の幾つかの特徴を概観した後、関係文法の枠組みを用いた日本語受動文についてのまとまった論考である DUBINSKY（1985）を検討してその問題点を指摘し、柴谷、久野など、他の枠組みでの議論を合わせて参照、検討しながら、より合理的な解決法を探っていくことにしたい。

1 直接受動文と間接受動文

　まず、従来より繰り返し指摘されてきた特徴のいくつかをまとめておこう。日本語の受動文については一般に二つの受動文、すなわち、対応する能動文を持つ直接受動文と、それを持たない間接受動文があると考えられている。

直接受動文
(1) a. 太郎が先生に叱られた
　　 a'. 先生が太郎を叱った
　　 b. 山田さんが社長に海外出張を命じられた
　　 b'. 社長が山田さんに海外出張を命じた
間接受動文

(2)　a.　花子がスリに財布をとられた

　　　a'.　スリが（*花子 {に／を}）財布をとった

　　　b.　私は昨日帰りがけに雨に降られた

　　　b'　昨日帰りがけに雨が（*私 {に／を}）降った

間接受動文においては、その主語が、同じ動詞による能動文のどの項にも対応していない。そのことに加えて、この二つの受動文はその他いくつかの点において大きく異なっており、とくに今まで受動文の議論の対象の中心となってきたもののひとつに、再帰代名詞「自分」の解釈がある。一般に「自分」が照応するのは主語のみであって、いくつかの例外を除いては目的語などそれ以外の名詞句に照応することはない [1]。

(3)　a.　太郎$_i$は花子$_j$を自分$_{i,*j}$の部屋で殴った

　　　b.　太郎$_i$は花子$_j$を自分$_{i,*j}$の部屋に閉じ込めた

直接受動文における「自分」はその一般原則に従って、主語にのみ照応する解釈となるが、一方の間接受動文については、「自分」は主語と同時に「に」格名詞句への照応が可能になる。

直接受動文

(4)　a.　花子$_i$は太郎$_j$に自分$_{i,*j}$の部屋で殴られた

　　　b.　花子$_i$は太郎$_j$に自分$_{i,*j}$の部屋に閉じ込められた

間接受動文

(5)　a.　太郎$_i$は花子$_j$に自分$_{i,j}$の部屋で泣かれた

　　　b.　花子$_i$は太郎$_j$に自分$_{i,j}$の給料をすべて使われた

従来、能動文からの何らかの変形操作でかなりの部分が説明可能な直接受動文

---

(1)　その他の相違点については井上や柴谷に詳しい。なお、「自分」の解釈についての制約は絶対的なものではない。「太郎は花子に自分の出番を教えた」のような文では「花子」よりの解釈ができるように思われるし、次の例の「できる」、「わかる」のように「対象」が主語、「経験者」「に」格をとる場合には「に」格よりの解釈となる。

　　太郎には、花子が自分の妹よりよく理解できる／わかる

よって、構文の違いのみの問題でないことは明らかである。後に紹介する久野の説明（32）も参照のこと。

に対して、間接受動文はそれとは基本的に異なる、複文の構造をもつと考えられてきた（例えば、久野（1973）、井上（1976）、柴谷（1978）など）。つまり、「られる」は接辞的なものではなく独立した主文の動詞であり、「られる」が後置する動詞は補文動詞、そして、「が」格あるいは「は」格でマークされるのは主文主語、「に」格の動作主名詞句は補文主語であるという考え方である。すなわち、次のような構造である。

(6)　NP［NP V...］られる

このように考えれば、確かに、間接受動文の主語が、同じ動詞を用いた能動文のどの項にも対応していないことと、また、「自分」は主文主語と補文主語の両方に照応できることになり、上記の「自分」の解釈の両義性をはじめ、後に検討することになる副詞句のコントロールの問題その他様々な事象が説明できるようになる。

　間接受動文が複文で、(6) のような構造を持つと考えた場合には、関係文法で受動文形成の基本とされてきた直接目的語から主語への昇格は明らかに認められない。しかし、間接受動文を受動文と呼ぶのは勿論それなりの理由がある。単に形態的に同じ「られる」が現われるだけではなく、間接受動文には、動詞が表す事態によって主語が物理的あるいは精神的に何らかの影響を被ることを意味するという「受動」という名称に見合うだけの、直接受動文と共通した意味上の性質が認められるからである。もっとも、直接受動文についても、関係文法の従来の考え方からは外れているところがあるように見える。日本語では直接受動文の主語は直接目的語だけではなく間接目的語にも対応できるのである。

(7)　a.　あの公園はたくさんの人に親しまれている
　　　b.　たくさんの人があの公園に親しんでいる

従ってこちらの場合も、POSTAL などが受動文の普遍的特徴であると主張してきた 2→1 昇格だけでは不十分であるように見える。
　類似した状況は英語にも存在する。例えば次のような文である。

(8) a. Taroo gave the book to Hanako.

b. Hanako was given the book by Taroo.

英語の受動文については、2→1昇格を基本とした説明として、例えば BLAKE（1990:4）があり、そこでは、一見間接目的語から昇格したように見える受動文主語は、実は間接目的語から主語へと直接に昇格するのではなく、表層に至る以前の中間の段階で、まず間接目的語から直接目的語へと昇格し、その後で2→1昇格が適用されて受動文が形成されるのだと説明されている。

(9)	(層1)	P	1	2	3
	(層2)	P	1	chô	2
	(層3)	P	chô	chô	1
		give	Taroo	the book	Hanako

確かに英語には次のような、直接目的語が二重になった構文が存在する。

(10) Taroo gave Hanako a book.

このような構文が存在すれば2→1昇格を派生の過程に組み込むことは可能であろうが、しかし、日本語においてはそのような構文はない。

(11) 太郎は花子 {に／*を} その本を渡した

従って、上記の事柄にもかかわらず2→1昇格が日本語受動文にもあてはまる受動文形成における普遍的な現象であると主張するのであれば、それに見合うような別の事象があることを明らかにしなければならない。しかし、それは容易ではない。

2 DUBINSKY による直接受動文の説明

規則に関わる部分は、装置を複雑にさえすれば、おそらくどんな文でも生成できる。しかし、規則の恣意的な部分をすべて排除するのはやはりかなり難しいように思える。以下では、その一例として DUBINSKY（1985）を検討しよ

第七章　関係文法における日本語受動文の扱いについて　　107

う。まず、間接目的語から主語に昇格しているように見える直接受動文について考えてみる。

(12)　a.　太郎は花子のその書類を渡した
　　　 b.　花子は太郎にその書類を渡された

DUBINSKY によれば、主語への昇格は日本語においても直接目的語のみから可能であり、間接目的語から主語に昇格しているように見える文は実は直接受動文ではなく、間接受動文であるという。これを証明するために、直接受動文と間接受動文を区別するための手段として、彼は次の三つの基準をあげている。

①　再帰代名詞「自分」の照応解釈が両義的であるかどうか
②　主語が生物か無生物か
③　動作主が「～に」か「～によって」で表現されるか

これらの基準をもとに DUBINSKY は次のような観察を行っている。

①　再帰代名詞「自分」は直接受動文では主語のみに照応するが、間接受動文では主語および「に」格の動作主名詞にも照応することができる。そして問題の間接目的語から主語に昇格しているように見える受動文についても、間接受動文と同様な照応関係が観察される。

(13)　a.　太郎$_i$は花子$_j$に自分$_i$の部屋で相談した
　　　 b.　太郎$_i$は花子$_j$に自分$_{i,j}$の部屋で相談された [2]

②　直接受動文はその主語に生物、無生物どちらもとることができるが、間接受動文は生物しか主語にとれない。問題の文についても同様である [3]。

---

(2)　例文と許容度の判断は DUBINSKY による。しかし、筆者の語感では、相談相手が太郎である場合には、「自分」の「花子」よりの解釈はまず無理であるように思われる。この文には他の状況を考えることは勿論可能で、例えば太郎が相談相手ではなく「花子が太郎ではなく別の人に相談してそのことで太郎が迷惑に思った」というような場合には、「自分」の「花子」よりの解釈が自然になる。そのときは、確かにその文は明らかに間接受動文ではあるが、「太郎」は相談される人ではないわけだから、対応する能動文が「花子が太郎に相談する」ではなくなってしまい、DUBINSKY の意図するところとは大きく異なってくる。
(3)　これに関しては後の久野の説明を参照。

(14) a. 次郎が花子にウインクした

     a'. 花子が次郎にウインクされた

(15) b. 次郎が花子の写真にウインクした

     b'* 花子の写真が次郎にウインクされた

③　間接受動文においては「に」でマークされる動作主名詞句において、「に」のかわりに「によって」を使うことができない。問題の文についても同様である。

(16)　太郎が花子 {に／*によって} 相談された

上記の用例と判断は全て DUBINSKY による。もしその議論が正しいとすれば、日本語では間接目的語も直接受動文の主語になれるという従来からの一般的な考え方を大きく変えなければならなくなる。ただし DUBINSKY が自説の主張のためにあげている動詞は、「相談する」、「ウインクする」、「話す」の三つでしかない。当然のことながら、その議論が一般化できるのかどうかを検証することが必要であるが、別の事例を見れば、DUBINSKY の議論に一般性がないことがすぐに明らかになる。

　まず、「自分」の照応については、DUBINSKY の主張とは逆に、受動文の主語が能動文の間接目的語に対応していながら、主語よりの解釈しかできない例をいくらでも見つけることができる [4]。

(17) a. 太郎$_i$は花子$_j$に自分$_{i,*j}$の部屋で突然抱きついた

     b. 花子$_i$は太郎$_j$に自分$_{i,*j}$の部屋で突然抱きつかれた

(18) a. 太郎$_i$は花子$_j$に自分$_{i,*j}$の部屋で襲いかかった

     b. 花子$_i$は太郎$_j$に自分$_{i,*j}$の部屋で襲いかかられた

二番目の基準に関しても反例はいくらでもある。受動文の主語が能動文の間接目的語に対応しているときには、DUBINSKY によれば、受動文の主語は生物でなければならないということであったが、次の例は明らかにそうではない。

---

(4)　(13) についての DUBINSKY の判断は我々には受け入れ難い。

第七章　関係文法における日本語受動文の扱いについて　　109

(19)　a.　皆が氏の次の小説に期待している

　　　a'.　氏の次の小説が皆に期待されている

　　　b.　石油が石炭に取って代わった

　　　b'.　石炭が石油に取って代わられた

　　　c.　市民がこの公園に親しんでいる

　　　c'.　この公園が市民に親しまれている

　　　d.　気圧の状態が台風の進路に影響する

　　　d'.　台風の進路が気圧の状態に影響される　　（杉本（1986：236））

三番目の基準についても同様である。DUBINSKY によれば、受動文の主語が
能動文の間接目的語に対応しているとき、それは間接受動文であって、そのた
めに動作主名詞句は「によって」でマークできないということであったが、次
の例では「によって」は全く自然である。

(20)　a.　昔からこの作品はたくさんの人によって親しまれている

　　　a'.　昔からたくさんの人がこの作品に親しんでいる

　　　b.　兵士達は上官によって徹底的にゲリラ戦術をたたき込まれた

　　　b'.　上官は兵士達に徹底的にゲリラ戦術をたたき込んだ

さらにまた、間接受動文だから「によって」が使えないというのも正しくない。
次の例は対応する能動文を持たないから明らかに間接受動文であるが、「によ
って」が使われていて不自然さは全く感じられない。

(21)　a.　この事件は山田記者によってその真相を伝えられた

　　　b.　このプログラムは全国の聴視者によってその知的水準を高く評価
　　　　　されている　　　　　　　　（久野（1983：199）（1986：74））

(22)　a. ＊この事件は山田記者はこの事件をその真相を伝えた

　　　b. ＊全国の聴視者はこのプログラムをその知的水準を高く評価してい
　　　　　る

とくに、この久野の例では、間接受動文であるにもかかわらず、主語は無生物
で、動作主名詞句には「によって」が用いられている。つまり、DUBINSKY

によって示された直接受動文と間接受動文を区別する三つの基準のうち、二番目と三番目は実は正しくないということである (5)。唯一残されたのは最初の基準であるが、これは「自分」が主語だけではなく動作主名詞句に照応できれば間接受動文であるという、従来より一般に認められてきたのと同じものである。ただし、これについてもやはり反論があり、久野 (1983) によれば、稀ではあるが、対応する能動文を持ちながら「自分」が二とおりに解釈できる場合があるとして、次のような例があげられている。

(23)　a.　小川は鈴木を自分の家で2時間も待った

　　　b.　鈴木$_i$は、小川$_j$に、自分$_{i,j}$の家で2時間も待たれた

　　　　　　　　　　　　　　　　　　　(久野 (1983 : 215) (6) による)

---

(5) 「によって」と「に」格の違いについては、久野 (1986) で詳しく論じられている。要点は二点である。

　まず、久野は CAMPBELL の口答発表論文 (1983) を引用して、「によって」が用いられた場合には話手の視点は中立的であるが、「に」格が用いられた場合は主語よりの視点をとることになるのだという。久野によると、話手が主語よりの視点をとったときには、その結果として、名詞句は次の語順に従って現われなければならないという。

　1　人＞動物＞無生物
　2　主題＞非主題

久野のあげる例は次のようなものである。

　フェルマの定理がジョン {によって／*に} 証明された

「フェルマの定理」「ジョン」はともに定名詞句ではあるが、一方は無生物であり、他方は人を表していて、やはり上の順序には従っていない。よって「に」格を使うことができない。ところが、同じような例文で、「ジョン」を不定代名詞的なものに変えて、主語名詞に指示詞などをつけてそれが主題であることを明確にしてやれば「に」格が自然に使えるようになる。

　a.　あの定理は誰かに証明されたはずだ
　b.　あの定理は誰にも証明されてない　(久野 : 80)

　もう一点、「によって」が用いられるとき、主語は動詞が表わす出来事に直接に関与していなければならないという。

　a.　太郎が財布を窓から落とした　(わざと)
　b.　財布が、太郎によって、窓から落とされた
　a'.　太郎が、電車の中で、財布を落とした　(不注意から)
　b'.　*財布が、太郎によって、電車の中で落とされた

　　　　　　　　　　(同上 : 84、CAMPBELL の口答発表論文 (1983) からの引用)

「太郎にいつも来られて困っている」のような間接受動文に「によって」が現れにくいのは、「太郎が来る」という出来事自体に主語の直接の関与がないことがその理由であって、同じ間接受動文であっても、「太郎が暴漢に (よって) 頭を殴られた」のように、出来事の結果が直接に主語へ及ぶような場合は、「によって」が問題なく使えるということである。

第七章　関係文法における日本語受動文の扱いについて　　　　111

つまり、対応する能動文がありながら間接受動文的な特徴が現れるものがある
という DUBINSKY の指摘は確かにそのとおりであって、この問題について
は後に論じる。いずれにせよ、日本語の直接受動文には 2→1 昇格以外にも間
接目的語から主語への昇格があるのは間違いないであろう。次に、DUBIN-
SKY が間接受動文を、どのようにして関係文法の従来からの枠の中に組入れ
ようとしているのかを見ておこう。

3　DUBINSKY による間接受動文の説明

　比較のために、直接受動文の DUBINSKY の説明による図式をもう一度出
しておく。

　(24)　a.　田中は先生に呼ばれた

　　　　b.　(層1)　　1　　　　2　　　P
　　　　　　(層2)　　chô　　　1　　　P
　　　　　　　　　　先生　　田中　　呼ぶ

さて間接受動文であるが、DUBINSKY によれば、間接受動文における「られ
る」は直接受動文のそれとは違って動詞の接辞的なものではなく、独立した主
文の述語であると考える点は従来からの考え方と同じではある。しかし、主文
の「られる」は反対格動詞であって、主文と補文で文融合が起こるのだという
(p. 182)。図式で表せば次のようになる [7]。

――――――――――
(6)　その理由から久野 (1983) は、久野 (1973) とは考え方を変えて、直接受動文と間接受動文と
　　もに複文構造を提案している。その議論については後に触れる。
(7)　(25) b の図式については少々説明が必要であろう。(25) b は、より一般的な生成文法的な構
　　造図では、次のように書き換えることができる。
　　　［田中［先生　子供　叱る］られる］
　　(25) b の 1 層目では補文しか現れていないが、これは、文融合を伴う複数の述語からなる文にお
　　いては各述語が同等ではなく、階層関係があることを前提とした考え方に基づく図式化である。こ
　　の例でいえば、まず 1 層で補文のみを表わし、2 層で主文が導入され、主文と同一の文法関係を持
　　つ補文要素はその段階ですべて失業することになっており、主文が補文よりも構造的に上位にある
　　ことが示されるという仕組みである。詳細については DUBINSKY (1985, 1990)、DAVIES & RO-
　　SEN (1988) を参照。

(25)　a.　田中が先生に子供を叱られた

(層1)		1	2	P
(層2)	P	2	1	chô	chô
(層3)	P	1	chô	chô	chô
	られ	田中	先生	子供	叱る

この図式においては、層 1 は補文のみを表しており、その補文が層 2 で文融合により主文に取り込まれる仕組みになっている。層 2 では主文の直接目的語の存在により補文の間接目的語が層単一の原則から文法関係を失ってしまい、次に層 3 において、主文の直接目的語が主語へと昇格することで、先に文融合で補文主語から主文主語へと上昇していた要素も失業してしまうことになる。

　確かにその考え方に従えば、間接受動文は直接受動文と同じ、2→1 昇格とそれに伴う主語の失業があり、一見、二つの受動文を統一して扱えそうに見えるかもしれない。しかし、この DUBINSKY の提案には実は大きな問題がある。第一章でフランス語の受動文について議論になった、直接受動文に現れる「られる」の存在をどのように位置付けられるのかという問題が、ここでも生じてくるのである。上の (24) の図式で「られる」はどの部分の文法関係の変化に対応しているのだろうか。もし、直接受動文の「られる」が間接受動文のそれのように独立した述語でないとすれば、それは受動文で動詞に付加される接辞的なものであって、フランス語でそうであったのと同様に、2→1 昇格か主語の失業に伴って現れるはずである。ところが、一方の間接受動文の (25) の図式に明らかなように、2→1 昇格とそれによって引き起こされる主語の失業は間接受動文にも含まれている。従って、間接受動文にも直接受動文と同じ「られる」が現れていいはずなのに、実際にはそのようにはならない。間接受動文の「られる」は接辞ではなく補文動詞のはずで、「られる」が繰り返して現れたりはしないからである。この、間接受動文における受動形態素の不在をDUBINSKY のシステムではどのようにして説明できるのであろうか。彼の論文ではこの問題には直接触れられてはいないが、おそらくそれを考えてのことであろう、その論文の最終章で、直接受動文の「られる」は実は接辞ではなく、独立した述語であることが述べられ、その上で次のような新たな図式が提示さ

第七章　関係文法における日本語受動文の扱いについて　　　113

れている。

(26)　a.　田中は先生に呼ばれた

b.

(層1)		1	2	P
(層2)		chô	1	P
(層3)	P	chô	1	chô
	られ	先生	田中	呼ぶ

また、彼がさらに付け加えていうには、直接受動文の「られる」は、次のような文で現れる、尊敬を表す「られる」と構文的には同じものだというのである。

(27)　a.　先生はパリに出発された

b.

(層1)		1	obl	P
(層2)	P	1	obl	chô
	られ	先生	パリ	出発する

しかしこの説明は問題をさらに複雑にするだけで、何の解決にもならない。確かに日本語の「られる」には、尊敬、受身、可能、自発の用法があるといわれていて、それぞれの用法は語源的には結びついているのであろうが、少なくとも、「受身」と「尊敬」については、上の図式にもはっきりと示されているように、全く別の構文であって、両者の「られる」が同じだとすれば、受動文の「られる」を受動文の基本的な部分と切り離して考えなければならない。DUBINSKY もやはりそのような結論に至ることになる。彼によれば、「られる」は結局のところ受動の本来のマーカーではなく、英語の "happen" に相当するようなもので、それが意味しているのは主語の「defocalisation」のみであり、それがあるときは「受身」のように構造的な「defocalisation」、つまり主語の失業となり、また構造的ではない「尊敬」の場合のようなときには語用論レベルでの主語の「defocalisation」が起こっているのだという。しかし、直接受動文の「られる」を独立した述語とみなすことで、間接受動文の「られる」と同じになるわけでもない。何故なら、(25) と (26) を比べれば明らかなように、間接受動文のその主語が主文述語「られる」の補語であるのに対して、

直接受動文の「られる」は補語を一切とらない。また、直接受動文では「られる」は受動のプロセスが終わった後で導入される単なるマーカー的なものでしかないのに比べて、間接受動文では先に「られる」が導入されて、その後でしか受動のプロセスは完了しない。つまり、「られる」の構造上の関わり方は直接受動文と間接受動文で全く異なっている。しかし、どちらも受動文であると主張するからには、2→1昇格があり主語が失業するのだという受動のプロセスについては両者で同じでなければならない。だとすれば、その同じはずの受動プロセスのマーカーが、何故直接受動文にのみ現れ、間接受動文には現れないのであろうか。その点全く不明であって、結局、DUBINSKY のこの新たな提案も先の解決案で問題になった状況を単に置き換えただけで、何の解決にもつながらないのである。

　DUBINSKY の提案したシステムについて、あとひとつ、「自分」の照応関係の仕組みに関わる問題点を指摘しておこう。もう一度、(25) と (26) を比較されたい。

(28)　a.　田中は先生に呼ばれた　(= (26))

(層1)	1	2	P
(層2)	chô	1	P
(層3) P	chô	1	chô
られ	先生	田中	呼ぶ

一般に「自分」は主語よりの解釈しかできない。これは直接受動文でも同様であるが、しかし、動作主を表す「に」格名詞も本来は主語であったはずである。何故直接受動文では、「自分」に「に」格名詞句よりの解釈ができないのであろうか。というのも、間接受動文や、それによく似た構文の「太郎は花子に自分の部屋で勉強させた」といった類の使役文においては「に」格名詞句よりの解釈が可能であって、その説明として「に」格名詞句の主語性がよくその根拠として持ち出されるからである。直接受動文の場合であれば、「に」格名詞句が主語から失業したことでもって照応の可能性が絶たれるのだと説明できなくはない。しかし、DUBINSKY の提案する間接受動文の構造では、補文主語に

第七章　関係文法における日本語受動文の扱いについて　　115

やはり同じことが起こる。

(29)　a.　田中が先生に子供を叱られた　　(＝ (25))

　　b.　(層1)　　　　　　　1　　　2　　　P
　　　　(層2)　P　　2　　　1　　　chô　　chô
　　　　(層3)　P　　1　　　chô　　chô　　chô
　　　　　　　られ　　田中　　先生　　子供　　叱る

だとすれば、そこで「自分」に「に」格名詞句よりの解釈が可能なことがどのようにして説明できるのであろうか。DUBINSKY は補文主語の場合には失業しても主語の性質を保持できるというのだが、何故そうなるのかの説明はない。また、仮にそうだとしても、補文主語が表層でそのまま主語の性質を保持できるとすれば、そもそも「に」格名詞句が主語の文法関係を失っていることをどのように証明できるというのであろうか。この点においても、DUBINSKY の議論は受け入れ難いと言わざるをえない。

4　二つの受動文についての再考

　以上、日本語の直接受動文と間接受動文、それぞれの構文は基本的に異なっていること、また直接受動文の場合には直接目的語だけではなく間接目的語からの昇格を認めるべきであることを見てきたが、このこと自体は従来から一般に言われてきたことの確認に過ぎない。

　ここで、直接、間接受動文の違いに関して、先の議論で十分に区別がなされているとはいえなかった「自分」の解釈に関わる部分についてもう一度考えてみよう。まず、「自分」の解釈について、先に久野を引用して、対応する能動文を持ちながら「自分」が二とおりに解釈できる場合があることを述べた。

(23)　a.　小川は鈴木を自分の家で2時間も待った
　　　b.　鈴木$_i$は、小川$_j$に、自分$_{i,j}$の家で2時間も待たれた

　　　　　　　　　　　　　　　　　　　　(久野 (1983 : 215) による)

116

逆に、これも久野の指摘であるが、間接受動文であることが明らかな文であっても、いつも「自分」が「に」格名詞句に照応していけるとは限らない。

(30) a. メリー$_i$はジョン$_j$に自分$_{i,*j}$の部屋で頭を割られた

（「メリーの頭が割られた」という解釈においての判断）

b. *ジョンがメリー｛を／に｝自分の部屋で頭を割った

（久野 (1983: 215)、KURODA (1979) からの引用）

久野はこのことを説明するために、それまでとは違う、二つの受動文に同一の深層構造を当てはめる次のような構造を仮定した (1983: 213-216)。

(31) NP （が）［NP （に） V …］られる [8]

そして次のような解釈規則を提案する。

(32) 「二」格受身文中の再帰代名詞は、埋め込み文の動作が、主文主語をその直接対象とする程度が弱ければ弱い程、「二」格名詞句をその先行詞としやすくなる。　　　　　　　　　（久野 (1983 : 214)）

確かに、(23) において、待たれる人はそのことで精神的な負担や迷惑を感じることはあっても、待つ側からの、何か具体的、直接的な働きかけや影響があるわけではない。よって、「に」格名詞句よりの解釈が可能になる。直接受動文は主語はそれに対応する能動文の目的語であって、当然ながら動詞の表す行為の直接対象を表しやすく、その結果として主語よりの解釈しかできない場合が多いということになる。それに対して、間接受動文の場合は、どちらかといえば、動詞の表す行為や出来事の間接的な被害者を表すことが多く、その結果、「に」格名詞句よりの解釈も可能になりやすい。ただし、(30) のように、出来事の被害が直接に生じる部分の所有者が独立した名詞句となりそれが主語に立てられるときには、主語が同時に直接の被害者にもなっているわけだから、再帰代名詞は主語よりの解釈しかとれなくなるということである [9]。

---

(8) 直接受動文に相当するものについては、主文主語と同一指示の補文内の要素は勿論消去される。
例えば、「太郎が次郎に殴られる」については、次のような派生となる。
太郎［次郎　太郎　殴る］られる　⇒　太郎［次郎　φ　殴る］られる

第七章　関係文法における日本語受動文の扱いについて　　　117

　つまり、再帰代名詞の照応のありかたは、動詞の表す行為の主語への影響の直接性、間接性の度合いに大きく依存しているということであるが、「雨に降られた」などの受動文に感じられる「被害」の意味が生じる条件についても、久野は同様な議論で説明する。間接受動文は被害受身と重ねて扱われることも少なくないが、間接受身であっても「被害」を表さない例はいくらでもある。例えば次のような文である。

　(33)　山田は田中教授に業績を認められた　(ibid.: 206)

逆に、直接受動文と考えられる文であっても、「被害」の意味が生じる場合がある。

　(34)　a.　彼はそのとき山田に見られた
　　　　b.　その会社は山田に辞められた

どのような場合に被害の意味が生じるかということについて、久野は次のような規則を提案した。

　(35)　「ニ」受身文深層構造の主文主語が、埋め込み文によって表される行
　　　　為・心理状態に直接的にインヴォルヴされていればいる程、受身文は
　　　　中立受身として解釈し易く、そのインヴォルヴメントが少なければ少
　　　　ない程、被害受身の解釈が強くなる。　　　　(久野 (1983: 205))

　(34) の「見る」、「辞める」という行為は、そうされる側で結果として何らかの被害が生じる可能性はあっても、その結果がもともと含意されているわけではなく、相手に何の影響ももたらさない一方的な行為でありうる。よって、「被害」の意味が生じることになる。それに対して (33) では、「山田の業績を認める」ことは同時に、その業績を作った山田その人を直接に認めることでもある。よって被害の意味は生じないということである。

---

(9)　久野は (30) と並んで、次のような例をあげている。
　　メアリ${}_i$は、ジョン${}_j$に、自分${}_{i,j}$の家の前で凍った通りですべって転んで頭を割られた
　(30) とは反対に、メアリは直接事件に関与しているわけではない。このような場合には、「自分」は「メアリ」と「ジョン」のどちらにも照応することができる。

以上の、再帰代名詞の解釈のありかたや被害の意味が統語構造とは別のレベルで決定されるという久野の意見に、我々はほぼ賛同するのであるが、しかし、そのことから、我々はただちに単一構造説を受け入れなければならないと考えるわけではない。確かに久野の言うように、間接受動文において「自分」が主語よりの解釈しかとれない例をいくらでも見つけることはできるが、逆に、いわゆる直接受動文においては、「に」格よりの解釈をもつものはほとんど見受けられないのである。久野自身も、先の（23）の「待つ」を使った例しかあげておらず、我々も他の例を示すことができるわけではない（（13）bのDUBIN-SKYの例は受け入れ難い）。動詞「待つ」の目的語は被動作主ではなく、むしろ「待つ」というそれ自体で自立的な行為の対象を表しており、その点において自動詞に近いものがあるように思われる。よって、（23）のような文では例外的に間接受動文になっていると考えることもできるのではないだろうか。

直接受動文と間接受動文で別の構造を設定した方が合理的であると思われる現象が他にもう二つある。動作主名詞句における「に」と「から」の交替と、主語名詞句における数量詞遊離の現象である。

まず動作主名詞句について柴谷（1978：324）に次のような指摘がある。直接受動文では、動作主名詞句に次のように「に」と「から」の交替が見られる場合がある。

(36) a. 太郎は花子｛に／から｝記念品を送られた
     b. 太郎は母｛に／から｝その話を聞かされた
     c. 太郎は山田先生｛に／から｝英語を教えられた

「から」でマークされる名詞句は一般に行為や出来事の始点、起点を表すと言われる [10]。

(37) a. 彼は東京から来た
     b. その手紙がやっと昨日彼から私に届いた

---

(10) 「から」は例外的に主語にもつくことができる。
     a. 私｛が／から｝太郎にそれを渡します
     b. あなた｛が／から｝それを彼に話してください

第七章　関係文法における日本語受動文の扱いについて　　119

　　　c.　私はこの本を太郎からもらった

ところが、間接受動文にはその交替が見られない。例えば次の文を見てみよう。

(38)　a.　太郎はぼくに悪口を言った
　　　b.　太郎は誕生日の贈物を花子に贈った

これを直接受動文にした場合には「に」と「から」両方を用いることができる。

(39)　a.　ぼくは太郎 {に／から} 悪口を言われた
　　　b.　花子は誕生日の贈物を太郎 {に／から} 贈られた

それに対して、間接受動文では、「に」格しか使うことができない。

(40)　a.　太郎は花子 {に／*から} そのことをみんなに言われた
　　　b.　次郎は太郎 {に／*から} 誕生日の贈物を花子に贈られた

この事実は、直接受動文の動作主名詞句の形態にはその意味役割がそのまま反映されるのに対して、間接受動文ではそうではないことを示しており、同じ「に」格ではあっても、直接受動文の場合には動詞との構造的なつながりが直接的であるのに対して、間接受動文ではおそらくそうではないことを示唆している。
　次に、主語名詞句に関して、MIYAGAWA (1989) に次のような指摘がある。直接受動文では、主語から数量詞を遊離させることができる。

(42)　a.　学生があの男に昨日三人襲われた
　　　b.　車が暴漢に昨日二台壊された

ところが、間接受動文では同様な数量詞の遊離が不可能になる。

(43)　a.　*子供が雨に二人降られた　　(MIYAGAWA：41)
　　　b.　*その国の人が暴漢に二人車を壊された

MIYAGAWA によれば、数量詞の遊離は、主語名詞が直接目的語位置から主語位置へと移動がある場合のみ可能なのだという。主語名詞が直接目的語位置

120

から主語位置へと移動できる場合というのは、直接受動文と反対格動詞の場合
であって、確かに次のような対比が見られる。

(45) a. 子供が昨日川に<u>二人</u>落ちた （反対格動詞）
　　　 b. *友だちが昨日田中さんに<u>二人</u>会った （反能格動詞）[11]

この説明に従えば、直接受動文の主語は直接目的語位置から移動したものであ
るのに対し、間接受動文の場合はおそらくそうではないということになる。

おわりに

　以上のことを考えれば、直接受動文については、「に」格名詞は動詞の直接
の補語であり、主語名詞は目的語からの昇格ということになるから、従来の考
え方どおりの能動文からの変形かあるいは他動詞の語彙変形であるとみなした
方がやはり合理的だろう。「に」と「から」の交替があることを考えると、動
作主名詞句は、文変形で「失業者」にするより、最初から「斜格」にしておい
た方がよいように思える。従って、フランス語受動文で示したのと同様、主語
の項を消去する、以下のような語彙変形規則をここでも提案する。受動形態素
の「られる」については、受動変形を語彙レベルで引き起こすための動詞の接
辞と考える。

(46) V : [1 P (2) (3) ....] ＋られる ⇨ V' : [ϕ P (2) (3) ...]

従って、直接受動文の派生は次のようになる。

(47) a. 太郎は先生に呼ばれた
　　　 b. （層1） obl　　　2　　　　　P
　　　　　 （層2） obl　　　1　　　　　P
　　　　　　　　　　先生　　太郎　　呼ばれ（た）

---

(11) これらの例はすべて MIYAGAWA による。ただし、許容度の判断についてはかなり個人差が
　　　あるようである。

間接受動文については、それが複文構造を持つことは明らかである。こちらでは、「られる」は独立した主文述語となり、問題は「に」格名詞句の位置付けであるが、こちらは直接受動文とは違って「に」と「から」の交替がないのだから、主文の斜格補語と考えて、それに主語としての性質を持たせるために、補文内に「に」格名詞句と同一指示の音形のない主語代名詞を仮定すればよいだろう。

(48) NP （が） NP$_i$ （に）［PRO$_i$...V］られる
　　　　 1　　　Obl　　　　1

間接受動文は直接受動文の場合と同様に動詞と「られる」の間に別の要素が入ったりすることがないと思われるので、上記の複文構造におそらく文融合が起こると考えた方がいいのであろう。この点についてはさらに検討が必要である。

第八章　使役動詞について日、仏、伊語の比較から

はじめに

　近年の統語論研究においては、フランス語をはじめとするロマンス語の使役文について、その構造を、深層の複文構造から表層の単文構造に至る、文融合あるいは再構造化の結果であるとする考え方が一般的である。確かに、例えばフランス語の場合、補文動詞（つまり不定詞）の補語が接辞代名詞化されると、それが不定詞ではなく、主動詞の接辞となること、主動詞と不定詞の間には、通常、代名詞や否定辞等の要素は入れられないことなどから、主動詞と補文動詞の間に構造上の一体化が起こっているであろうことは直観的にも予想できる。ただし、極めて類似した構造を持つはずのフランス語とイタリア語について見ても、フランス語の使役文では不定詞に再帰代名詞がつくことが許されるのに対して、イタリア語ではそうでないこと、また、イタリア語の使役文は受動文にすることができるのにフランス語の場合にはそれが許されないなど、構造の一体化という点においてある程度まで似通ってはいるものの、すべてを同列に論じることはできない。日本語の使役文については、被使役者名詞句の格形の類似や二重目的語制約など、ロマンス諸語との間に共通した現象が観察されて、ある程度までの類型化を行うことが一見可能に見えるが、ロマンス語の使役文等を説明するために提案された文の融合という概念は、基本的な構造の大きく異なる日本語の場合にどの程度まで有効なのであろうか。以下では、既に提案されている議論のいくつかを検討、批判しながらその問題を考え、日本語使役文の構造についても検討することにしたい。

1 日本語の使役文——他の言語との共通性

ロマンス語の使役文で、文の融合ということが問題になるのは、使役文が単文と複文の性質を併せ持っているからである。単文としての性質を示すものとしては、例えば、フランス語やイタリア語の場合、代名詞の接辞化が起こり、特に使役文において、それが本来不定詞の補語であっても、使役動詞の前に接辞されるという事実がある。

(1) a. Marie fait réparer *la voiture* à Jean.

b. Marie *la* fait réparer à Jean.

c. *Marie fait *la* réparer à Jean.

このようなことは通常の複文構造の文では起こりえない。

(2) a. Marie lui a ordonné de réparer *la voiture*.

b. *Marie *la* lui a ordonné de réparer.

c. Marie lui a ordonné de *la* réparer.

逆に、複文的な性格を示すものとしては、被使役者名詞句による副詞句のコントロールがある。単文の場合には、通常、副詞句は主語よりの解釈しかできない。

(3) a. Il$_i$ l$_j$'a vu avant ø$_{i/*j}$ de partir.

b. Il$_i$ a confié ses secrets à Marie$_j$ sans ø$_{i/*j}$ le vouloir.

ところが、使役文の場合には、それらの副詞句を使役者と被使役者のどちらにもかけて解釈することができる。

(4) a. Pierre$_i$ les$_j$ a fait chanter en ø$_{i/j}$ souriant.

b. Pierre$_i$ leur$_j$ fera saluer les professeurs sans ø$_{i/j}$ se fâcher.

c. Pierre$_i$ les$_j$ a fait s'asseoir avant de ø$_{i/j}$ parler [1].

---

(1) ただし、これは被使役者が代名詞の形で現われた場合に限られる。第三章で指摘したように、副詞句の意味上の主語にあたる動作主名詞句が接辞代名詞でない場合、大抵の場合、文の意味が一

第八章　使役動詞について日、仏、伊語の比較から　　125

(LEGENDRE (1990:114))

同様に、日本語の場合も、使役文が単文と複文の性質を合わせ持っていること
は従来から何度も指摘されてきた。例えば次のようなことがある。まず、単文
的な性格を示すものとして、「二重対格目的語制約」がある。単文においては、
通常「を」格の名詞句は一つに限られる。

(5)　a.　山田が勉強（を）する
　　　b.　田中が旅行（を）する
　　　c.　山田が英語を勉強（*を）する
　　　d.　山田がスペインを旅行（*を）する

複文の場合には、一般にそのような制約はない。

(6)　a.　山田は佐藤にその契約を破棄することを要求した
　　　b.　田中はイタリアを旅行する計画を立てた

ところが、使役文の場合には単文の場合と同様の制約が見られる。

(7)　a.　山田に勉強をさせる
　　　b.　山田に英語を勉強（*を）させる

また、自動詞の使役文では、被使役者は「を」格、「に」格どちらの可能性も
あるのに、他動詞の使役文では「に」格に限定されてしまい、これも同様の制
約によるものであると考えられている。

(8)　a.　山田｛を／に｝そこへ行かせた

義的に定まってしまう。そのときには、主文主語のみが副詞句の意味上の主語であると解釈される
ことになる。
　　a.　Pierre$_i$ a fait chanter les élèves$_j$ en ø$_{i/*?j}$ souriant.
　　b.　Pierre$_i$ fera saluer les professeurs aux élèves$_j$ sans ø$_{i/*?j}$ se fâcher.
　　c.　Pierrei a fait s'asseoir les élèves$_j$ avant de ø$_{i/*?j}$ parler.
目的語名詞句をその主語にとろうとすれば、副詞句を節にかえて、その主語を明示しなければなら
ない。
　　a.　Pierre$_i$ fera saluer les professeurs aux élèves$_j$ sans qu'ils$_j$ se fâchent.
　　b.　Pierre$_i$ a fait s'asseoir les élèves$_j$ avant qu'ils$_j$ parlent.

b. 山田 {*を／に} その本を読ませた [2]

被使役者の格表示については、フランス語においても類似した現象が見られる。不定詞が他動詞の場合には被使役者は間接目的語に限定されて、自動詞の場合には直接目的語になる傾向がある。

(9)　a.　Pierre a fait écrire une lettre à Marie.

　　b.　*Pierre a fait écrire une lettre Marie.

　　c.　Il a fait courir (*à) Pierre.

　　d.　Pierre a fait téléphoner (*à) Marie à Jean.

　　e.　Pierre {l'/lui} a fait téléphoner à Jean.

　　f.　Je {les/leur} ai fait écrire au Père Noël.

　　g.　Cela {le/lui} fera voter pour vous.

逆に、複文的な性格を示すものとしては、やはりロマンス語と同様、被使役者名詞句による副詞句のコントロールがある。次のような例において、単文の場合に、下線部の副詞句は主語名詞句よりの解釈以外は不可能である。

(10)　a.　太郎は花子に、<u>何も言わずに</u>その手紙を手渡した

　　b.　太郎は花子を、<u>その曲を歌いながら</u>見つめていた

ところが、使役文の場合には、それらの副詞句を、使役者、被使役者のどちらにもかけて解釈することができる。

---

(2)　ただし、これも既に幾度も指摘されていることであるが、「を」格が行為の対象ではなく、「場所」、「経由地」などを表すときは、二重対格目的語制約が働かないことがある。

　　（i）a.　先生が太郎 {*を／に} その本を読ませた

　　　　b.　先生が太郎 {*を／に} 公園を歩かせた

　　　　c.　先生が花子 {*を／に} その橋を渡らせた

これらの文では同様の制約が見られるが、それらが分裂文になるとｂやｃのような場合に限って制約が解除されてしまう。

　　（ii）a.　先生が太郎 {*を／に} 読ませたのはその本だ

　　　　b.　先生が太郎 {を／に} 歩かせたのは公園だ

　　　　c.　先生が花子 {を／に} 渡らせたのはその橋だ　（TSUJIMURA : 253 による）

また、単文で同様な例としては、柴谷（1978 : 262）に次のような例がある。

　　（iii）太郎は急な坂を自転車を一生懸命押した

第八章　使役動詞について日、仏、伊語の比較から　　　127

(11)　a.　太郎は花子に、何も言わずに部屋に入らせた
　　　b.　太郎は花子を、その曲を歌いながら踊らせた

以上のような事実をもとにして、DUBINSKY (1990)、DAVIES & ROSEN (1988) などでは、日本語の使役文についても、LEGENDRE や POSTAL、RO-SEN などの一連の論文でフランス語、イタリア語の使役文に関して提案されてきたのと極めて類似した、複文の基底構造から文融合によって単文構造を派生させる説明が与えられてきたのであった。

2　言語間の差異

　しかし、ある程度の共通点があるからといって、直ちに同じ構造を仮定できるわけではない。日本語では代名詞は接辞にはならず、フランス語における補文目的語代名詞の主動詞への接辞化に匹敵するような、表層での単文化を主張できるような強力な議論は、先に見た二重対格目的語制約を除いて、特にあるわけではない。また、イタリア語は、日本語などに比べればフランス語にはるかに近い言語であり、上記の接辞代名詞に関する性質は勿論のこと、一見しただけで構造の類似性は明らかである。

(12)　a.　Maria fa riparare *la macchina* a Giovanni.
　　　b.　Marie *la* fa riparare a Giovanni.
　　　c.　*Marie fa *la* riparare a Giovanni.

しかし、すべての点で同じというわけではない。両言語の使役文を比較したとき、ともに複文から単文への移行のプロセスを仮定できるにしても、そのプロセスのあり方はおそらく同じではない。フランス語とは異なり、イタリア語では、述語の融合が文レベルではなく語彙レベルで起こっていると考えられる理由がいくつかある。まず、BURZIO (1986)、ZUBIZARRETA (1984) などで指摘されている次のような事実がある。フランス語、イタリア語においては、dissiper/dissipare, disperser/disperdere, éteindre/spegnere 等の動詞について、それぞれがともに、代名動詞のいわゆる「中立的」用法によって、他動

128

詞から自動詞を派生させることができる。

(13) a. Le vent dissipe les nuages./Il vento dissipa le nubi.

b. Les nuages se dissipent./Le nubi se dissipano.

c. *Les nuages dissipent./*Le nubi dissipano.

(14) a. Les enfants dispersent les feuilles./I ragazzi disperdono le foglie.

b. Les feuilles se dispersent./Le foglie se disperdono.

c. *Les feuilles dispersent./*Le foglie disperdono.

(15) a. Marcel éteint la bougie./Marcel spegne la candela.

b. La bougie s'éteint./La candela se spegne.

c. *La bougie éteint./*La candela spegne.

ところがそれらの動詞が使役文に埋め込まれると、次のような対比が生じる。

(16) a. Le vent a fait se dissiper les nuages.

b. *Le vent a fait dissiper les nuages.

c. *Il vento ha fatto dissiparsi le nubi.

d. Il vento ha fatto dissipare le nubi.

(17) a. Le vent a fait se disperser les feuilles.

b. *Le vent a fait disperser les feuilles.

c. *Il vento ha fatto disperdersi le foglie.

d. Il vento ha fatto disperdere le foglie.

(18) a. Le vent a fait s'éteindre la chandelle.

b. *Le vent a fait éteindre la chandelle.

c. *Il vento ha fatto spegnersi la candela.

d. Il vento ha fatto spegnere la candela.

(ZUBIZARRETA : 291-293)

フランス語では、s'asseoir、se taire などの一部の動詞を除いては、使役文で一般に再帰代名詞を省略することはできない。

第八章　使役動詞について日、仏、伊語の比較から　　　129

(19)　a.　Je l'ai fait（s'）asseoir.
　　　b.　On m'a fait（me）taire.

ところが、イタリア語では逆に、いかなる使役文であろうと、不定詞に再帰代
名詞は付けられない。ZUBIZARRETA によれば、イタリア語の使役動詞 fare
は、文構造において主動詞として働いてはいるものの、語彙レベルにおいては
不定詞の項構造を変化させる接辞として機能しており、fare が付くことによ
り、不定詞の外項は消去されるか、もしくは内項化される。また、代名動詞の
再帰代名詞にも、動詞の外項を消去するという同じ機能があり、従って、イタ
リア語の再帰代名詞と使役動詞 fare は同様の機能を持ち、(16) ～ (18) の c
文が非文となるのは、ある要素に同じ機能を持つ形態素が二重にかかることを
禁止する「剰余性排除の原則」によるものであるという。確かに、再帰代名詞
が fare による使役文と相容れないのはそのとおりであるが、しかしそれは、
単に「中立」用法に限られているだけではない。次の例の「再帰的」、「相互
的」用法のように、再帰代名詞が直接目的語として機能していることが明らか
であると考えられる場合も同じである。

(20)　a.　Jean fait se regarder Marie dans la glace.
　　　b.　*Jean fait regarder Marie dans la glace.
　　　c.　*Giovanni fa guardarsi Maria allo specchio.
　　　d.　Giovanni fa guardare Maria allo specchio.
(21)　a.　Jean fait se battre en duel Pierre et Louis.
　　　b.　*Jean fait battre en duel Pierre et Louis.
　　　c.　*Giovanni fa battersi in duello Pietro e Luigi.
　　　d.　Giovanni fa battere in duello Pietro e Luigi.
(22)　a.　Jean fait se téléphoner Pierre et Louis l'un à l'autre.
　　　b.　*Jean fait téléphoner Pierre et Louis l'un à l'autre.
　　　c.　*Giovanni fa telefonarsi Pietro e Luigi l'uno all'altro.
　　　d.　Giovanni fa telefonare Pietro e Luigi l'uno all'altro.

これらの文で消去される「再帰的」、「相互的」な再帰代名詞は、ZUBIZAR-

RETA のシステムに従えば、動詞の外項ではなく内項であろう。よって、それらの場合には「剰余性排除」による説明は成り立たず、ZUBIZARRETA の説明はその点十分とは言い難い。しかし、いずれにせよ、イタリア語においては、再帰代名詞の様々な機能を全て使役動詞が肩代りしていることは明らかであり、ZUBIZARRETA の言うように、使役動詞に不定詞の項構造を変化させる機能を認めてしかるべきであろう。

3　使役受動文について

　もう一つ、イタリア語の使役動詞が語彙レベルの変形であることを示していると思われる事実として使役受動文の存在がある。

(23)　a.　Maria fa riparare la macchina a Giovanni.

　　　b.　La macchina è fatta riparare a Giovanni.

　　　c.　Marie fait réparer la voiture à Jean.

　　　d.　*La voiture est faite réparer à Jean.

フランス語の使役文からこのような受動文をつくることはできない。日本語には使役受動文は存在する。しかし、日本語で受動化を行うことが可能なのは、使役者と被使役者の関係だけであって、イタリア語のように補文動詞の目的語を主語にして受動文をつくることは不可能である。

(24)　a.　花子は太郎に車を修理させた

　　　b.　太郎は花子に車を修理させられた

　　　c.　*車は花子に（よって）太郎に修理させられた

近年の統語論においては、いわゆる受動変形が、以前に考えられていたような、単に語順の移動等による文レベルの変形ではなく、項構造そのものの変形による語彙レベルの操作であるという考え方に移行してきた（関係文法の枠内においても木内 (1990a)（第一章参照）は同様のことを主張した）。実際、受動化が語彙変形であると仮定して、イタリア語の使役文は動詞を組み合わせることでひとつの動詞句が形成されるという語彙レベルの変形操作がまずあって、それから文

第八章　使役動詞について日、仏、伊語の比較から　　131

がつくられるのに対して、フランス語や日本語における使役文は、主文と補文
を一つに融合させる文レベルでの変形によりつくられると仮定するならば、上
記の事実は比較的簡単に理解できるのではないか。

　受動変形と文融合規則の適用順序について、従来の関係文法などでは、まず
文融合があって、その後で受動変形が起こると考えられてきた。しかし、使役
受動文で受動形態素がつくのは使役動詞だけなのだから、それは決して自明な
ことではなく、逆の順序も十分に想定され得るのである。文融合の前の段階で
受動変形が起こると仮定すれば、受動変形がかかってくるのは使役動詞だけと
いうことになる。そのように考えれば、日本語における（24）のｂ文とｃ文
の対比は容易に説明がつけられるようになる。つまり、日本語の使役受動文の
場合、まず受動化された使役動詞があって、それを述語とする主文と、補文の
間に融合が起こることになる。当然、受動形態素は使役動詞に付与されるだけ
であって、補文述語を含めた全体にかかるわけではない。使役受動文の主語が
本来使役動詞の補語なのか、あるいは補文主語から主文に目的語として上昇し
てきたものなのかについては、議論の余地があろうが、少なくとも、使役動詞
の直接の項として現れる可能性があるのは、主文主語である使役者と、被使役
者を表す目的語以外のものではありえないはずである。木内（1990b）（第二章
参照）では、フランス語の使役文について、被使役者を主文の間接目的語にと
る次のような基底構造を仮定した。

　(25)　Marie fait［PRO réparer la voiture］à Jean.

フランス語には対応する能動文の直接目的語しか受動文の主語になれないとい
う強い制約があるため、上の構造から受動文が派生しないことは当然の帰結と
なる。一方、仮に日本語の場合も同じ構造が仮定できれば、日本語にはそのよ
うな制約がないので受動文が可能となる。しかし、既に見たように、日本語の
使役受動文において、受動の関係はあくまで使役者対被使役者の関係であって、
それが補文動詞の目的語にまで及ぶことはない。イタリア語の特殊性は、使役
動詞が受身になることによって、その受動関係が及ぶ作用域を不定詞の補語に
まで拡張させることができるという点にある[3]。受動変形が語彙レベルの操
作であるならば、使役動詞と不定詞が既に語彙の段階で一つに融合していない

限り、そのような事態は起こりえないはずである。

4　日本語使役文における補文境界の問題

日本語の使役受動文については、DUBINSKY（1990）の関係文法による別の説明があるのでそれを検討しておこう。DUBINSKY は次の使役文について（27）の派生を仮定する。

(26)　太郎は花子にその手紙を書かせた

(27)	(層1)			1	2	P
	(層2)	P	1	2	chô	chô
	(層3)	P	1	3	chô	chô
		させる	太郎	花子	その手紙	書く

変形文法流の説明に置き換えるなら、この文はおおよそ次のような基底構造を持つ。

太郎が［花子がその手紙を書く］させる

まず、層1から層2に至る段階で文融合が起こる（つまり、補文が主文に取り込まれてしまう）。それによって、補文境界が取り払われ、同時に補文主語は主文動詞の直接目的語に降格するが、そのために本来補文の直接目的語であった要素は失業し、文法関係を失ってしまう。補文主語、つまり被使役者となる名詞句は、補文の動詞が自動詞の場合には、直接目的語のままか、もしくは間接目

---

(3)　BURZIO は被使役者を主語にした次のような受動文も可能であるとしているが、筆者の調査した限りでは許容度の高い文とは言えない。
　　　(i)　Giovanni fu fatto riparare la macchina.　(BURZIO: 232)
受動文について、イタリア語はフランス語と同様、対応する能動文の直接目的語しかその主語になれないという強い制約がある。BURZIO では同時に次の（ii）のような文も示されていて、それに対応する形で（ i ）の受動文が成立していると思われる。（ii）a では、被使役者と不定詞の目的語で、二つの直接目的語が現れており、このようなことは補文境界がそのまま残されていない限りは不可能なはずであって、少なくとも、通常の使役文とは区別して考える必要があろう。
　　　(ii)　a. ?Maria lo ha fatto riparare la macchina.　(ibid. 232)
　　　　　 b. *Maria ha fatto Giovanni riparare la macchina.　(ibid. 233)

第八章　使役動詞について日、仏、伊語の比較から　　133

的語にまで降格できるが、補文の動詞が他動詞で直接目的語を持つ場合には二重対格目的語制約により、「を」格名詞句が二つ現れるのを避けるために、間接目的語へと降格する。つまり、(26) の文では派生の段階で補文の目的語はすべて失業してしまい、そのためにそれらの名詞句は使役受動文の主語にはなれないのだという。この説明は一見巧妙ではあるが、少なからぬ問題を含んでいるように思われる。この説明に従えば、被使役者名詞句は、それが表層で「に」格をとる場合であっても、派生の過程で担ってきた主語、直接目的語の性質をどこかで示していなければならないことになる。主語の性質については、先の、副詞句のコントロールなどの議論から比較的容易に示されやすい。しかし、被使役者名詞句が直接目的語の性質を持っていることを示すのは容易ではない。実際、DUBINSKY 自身が認めているように、彼があげているいくつかの事例も説得力があるとは言い難い。まず、「～したさに」という欲求を表す表現において、目的語が直接目的格の場合、その助詞が省略できる。

(28)　a.　そのお菓子を食べたさに／そのお菓子食べたさに
　　　　b.　彼に相談したさに／*彼相談したさに　　(p. 59)

そして、次の「～に」使役文の場合にも、問題の名詞句が上の例の直接目的語と同じ性質を示しているという。

(29)　a.　労働者にストライキさせたさに／? 労働者ストライキさせたさに
　　　　b.　太郎にくしゃみさせたさに／? 太郎くしゃみさせたさに　　(p. 77)
　　　　　　　　　　　　　　　　　　　　　　　(判断は DUBINSKY による)

しかし、筆者をはじめとして他の被験者にとっても、(29) が (28) b よりもより自然であるとは言えない。また DUBINSKY は、被使役者名詞句が受身文の主語になれるということも、それが直接目的語であると主張するための論拠のひとつとしてあげているのであるが、この議論は、関係文法で従来主張されてきた、受動文の主語は直接目的語からのみ昇格するという仮説を前提にしたものである。だが、その前提は少なくとも日本語においてはあてはまらない。次のように、明らかに間接目的語から昇格していると考えられる例は日本語にはいくらでも存在する。

(30)　a.　皆がこの公園に親しんでいる／この公園は皆に親しまれている

　　　b.　石油が石炭にとってかわった／石炭が石油にとってかわられた

（杉本：236）

従って、単に受身文の主語になっているからといって、直ちにそれが直接目的語からの昇格であると主張できないことは明らかである。もうひとつの根拠として、DUBINSKY があげているものに次のようなことがある。日本語の「〜させる」による使役文には、「そのままさせておく」という許可や許容の意味を表す場合と、「(強制的に) するようにさせる」という文字通りの使役の二通りの意味があって、被使役者の格形によってそれらの意味が使い分けられており、「に」格では許容の意味であるが、「を」格では強制の意味になるという。

(31)　a.　田中は秘書を早く帰らせた　(強制)

　　　b.　田中は秘書に早く帰らせた　(許容)(判断は DUBINSKY による)

ただし、既に見たように、これらの文のように「を」格と「に」格をとることができるのは補文動詞が自動詞のときだけである。補文動詞が他動詞で目的語をとる場合には、被使役者名詞句は「に」格に限定されてしまう。

(32)　田中は秘書 {に／*を} 電話をかけさせた

この文では意味が両義的であるが、ところが、それが受動文になると、強制の意味でしかなくなってしまう。

(33)　秘書は田中に電話をかけさせられた

これは、DUBINSKY によれば、上の受動文の主語が間接目的語からではなく、直接目的語から派生したためだという。しかしこの議論も納得し難い。まず、自動詞の場合には、「を」と「に」で確かに傾向としては DUBINSKY のいう意味の違いがある程度認められるけれども、常に明確に区別されているわけではない。また、「許容」の意味で受身にならないというのも事実ではない。井上 (1976) で指摘されているように、確かに、日本語には「られる」はその主語に受益者格はとらないという一般原則がある。

第八章　使役動詞について日、仏、伊語の比較から　　135

(34)　a.　太郎は花子 {のために／に} 洋服を買った
　　　a'.* 花子は太郎に洋服を買われた
　　　b.　太郎は花子 {のために／に} 本を読んだ
　　　b'.* 花子は太郎に本を読まれた
　　　c.　太郎は花子 {のために／に} 歌を歌った
　　　c'.* 花子は太郎に歌を歌われた

上例の受動文の主語はすべて迷惑を被ったという被害者的な解釈しかできない。しかし、このことは日本語に主語を受益者とする受動形式がないことを意味しているのではない。これらの文は「られる」の代わりに「てもらう」を使えば、受身的表現を何の問題もなくつくることができる。

(35)　a.　花子は太郎に洋服を買ってもらった
　　　b.　花子は太郎に本を読んでもらった
　　　c.　花子は太郎に歌を歌ってもらった

「許容」を表す使役文はまさしく、主語が受益者と解釈される場合である。当然のことながら、「られる」は使えないが、「てもらう」ならば十分に自然な受身文をつくることができるのである(4)。

─────────────

(4)　我々は「てもらう」と「られる」とは主語が受益者か非受益者かで相互補完的に使われる受動形式であると考える。柴谷 (1978: 305) のように受動文とは区別して構文を提案しているものもあるが、名詞句の対応の仕方に加えて、「に」格名詞句の「から」との交替現象に直接受動文と間接受動文との対比とまったく同じ状況が観察されるところからして、同一の構造を持っていると考えて何の不都合もないように思われる。
　　能動文から出発して、それに対応する「てもらう」文、直接受動文の場合:
　　（ i ）a.　太郎が花子に本を送った
　　　　　b.　花子は太郎 {に／から} 本を送ってもらった
　　　　　c.　花子は太郎 {に／から} 本を送られた
　　（ ii ）a.　太郎が花子に英語を教えた
　　　　　b.　花子は太郎 {に／から} 英語を教えてもらった
　　　　　c.　花子は太郎 {に／から} 英語を教えられた
　　能動文から出発して、それに項を一つ付け足して作った対応する「てもらう」文、及び間接受動文の場合:
　　（iii）a.　太郎が（*花子に）子供に本を送った
　　　　　b.　花子は太郎 {に／*? から}、子供に本を送ってもらった
　　　　　c.　花子は太郎 {に／*? から}、子供に本を送られた

(36)　秘書は田中に電話をかけさせてもらった

従って、DUBINSKY の主張するところの根拠にはなりえないのである。

　また、その DUBINSKY の説明では、さらにもうひとつ大きな問題がある。日本語の使役文は補文の目的語を主語にした受動文を作ることができないことに関して、DUBINSKY は、先の（26）の例で、補文主語が主文動詞の直接目的語になることで、補文の直接目的語が失業し、文法関係を失ってしまうことが原因であると説明した。

(37)　a.　太郎は花子にその手紙を書かせた
　　　b. *その手紙が太郎に（よって）花子に書かされた

しかし、DUBINSKY の説明の枠組みにおいてさえ、補文の目的語がいつも失業してしまうとは限らない。目的語が補文動詞が間接目的語は持つが直接目的語を持たない、例えば次のような文では、補文主語は表層でも直接目的語にとどまって、間接目的語にまで降格しないこともありうる。補文主語は主文に上昇しても直接目的語にとどまっているのだから、それによって補文の間接目的語は文融合で失業することはなく、そのままの文法関係を表層まで保持できるはずである。そして受動文では、本来の間接目的語は、それが DUBINSKY のいうように直接目的語を経て主語になると考えるか、あるいは我々のように直接に主語になると考えるか、いずれにしても、受動文の主語になることについては何の問題もないはずである。しかし、それにもかかわらず、その名詞句を主語にして受動文をつくることはできない。

(38)　a.　太郎は道子をジョンに電話させた
　　　b. *ジョンは太郎に（よって）道子を電話させられた

従って、補文の目的語が使役受動文の主語にならないその理由を失業原則のみで説明しようとするのは明らかに無理があるように思われる。

　　(iv)　a.　太郎が（*花子に）生徒に英語を教えた
　　　　　b.　花子は太郎〔に／*? から〕、生徒に英語を教えてもらった
　　　　　c.　花子は太郎〔に／*? から〕、生徒に英語を教えられた

第八章　使役動詞について日、仏、伊語の比較から　　　137

　(24) c、(38) b のような文を排除するには、受動形態素の作用域を使役動詞に限定してしまえばよい。そのためには、先に見たように、受動変形を語彙変形に限定してしまうか、もしくは、文融合を認めず、補文境界をそのまま残しておくという手段も十分に考えられるように思われる。実際、日本語の場合、補文述語と使役述語は、フランス語のように必ずしも直接に結びつけられなければならないわけではなく、次のようにアスペクトや受身の助動詞が入ることができるのである。

　(39)　a.　彼は花子を２時間も立っていさせた　（鷲尾・三原：88）
　　　　b.　その重役は部下を、わざとやくざに襲われさせた

これは日本語の使役動詞がフランス語のそれほどには緊密に補文動詞に結びついていないことを示しているように思われる。また、先に述べた「二重対格目的語制約」についても、他動詞の使役文では被使役者は「に」格でしか現れないが、それが直接目的語からの降格によるものかどうかは、実際には疑わしいところがある。その制約が単に文の意味が曖昧になることを避けるための表層における操作であるとするならば、補文の直接目的語が物のときや、分裂文、関係節などで文の外側に置かれたときなど、文の意味、構造ともに曖昧さはなくなって、その制約が解除される可能性が出てくるはずである。しかし、これも従来何度も指摘されてきたことであるが、実際にはそのようなことは起こらない。

　(40)　a.　太郎は花子に／＊をその仕事をやらせた
　　　　b.　太郎が花子に／＊をやらせたその仕事
　　　　c.　その仕事は、太郎が花子に／＊をやらせた

二重対格目的語制約が使役文の単文化の証となるためには、単文化に伴う被使役者名詞句が「を」格から「に」格へと降格することを前提としなければならない。ところが、「を／に」の揺れが見られるのは自動詞による使役文の場合だけであって、他動詞の場合にはそのようなことはないから、あくまでそれは自動詞の場合からの類推による仮定でしかない。先の (29) の例も、DUBINSKY の意図とは逆に、被使役者名詞句は直接目的語の性質を持っていないこ

とを示しているように見える。ここで逆に、被使役者が補文主語から主文の間接目的語に直接に上昇するか、もしくは最初から主文の間接目的語として実現されていると考えれば、二重対格目的語制約はここではそもそも制約がかかる対象がなくなることになって、その場合には、使役文が単文として機能すると主張できる根拠も消えてしまうのではないか。文融合が起こっていないとすれば、受動変形が作用する範囲は当然補文動詞までには及ばず、使役動詞に限定されてしまうことになる。

5 日本語使役文の構造

今までのことから考えて、それでは使役文にどのような構造が想定できるであろうか。使役文が複文構造であることについては異論の余地がないと思われるが、被使役者名詞句の構造上の位置づけについては、それを補文主語が主文目的語に変化したと捉えるか、あるいはもともと主文目的語とするかで二とおりの考え方ができる。

(41) a. NP_1 [NP_2 V] させる
　　　b. NP_1 NP_2 [V...] させる （NP_1: 使役者、NP_2: 被使役者）

DUBINSKY の説明で使われていたのは最初の図式である。こちらの構造を仮定した場合、補文主語の主文への上昇規則を付け足せば b と同じになるように見えるかも知れないが、一つ問題が生じる可能性がある。前章で直接受動文について検討したときに、動作主名詞句の格表示の仕方が、それが持つ意味役割に大きく依存していることを述べた。柴谷が指摘していたように、直接受動文の場合、動作主名詞句が同時に「起点」を表していれば、「に」は「から」と交代し得る。

(42) a. 次郎は太郎 {に／から} 本を送られた。
　　　b. 次郎は太郎 {に／から} 英語を教えられた。

しかし、間接受動文ではそうはならない。

第八章　使役動詞について日、仏、伊語の比較から　　　139

(43)　a.　次郎は太郎 {に／*? から} 同僚達に怪文書を送られた。
　　　b.　次郎は太郎 {に／*? から} 自分の学生に間違った英語を教えられた。

先に受動文について議論した際、それを根拠のひとつとして、我々は「に」格名詞について、直接受動文ではそれが動詞の直接の補語であるのに対して、間接受動文では補文動詞ではなく主文動詞「られる」の補語であると考えたのであった。さて、使役文ではどうかといえば、もし直接受動文と同じような意味役割による格表示の仕組みがあるとすれば、その名詞が「動作主」と「起点」を兼ねたとき「から」も現れるはずだが、そのようにはなりにくい [5]。

(44)　a.　次郎は太郎 {に／? から} 本を送らせた。
　　　b.　次郎は太郎 {に／? から} 英語を教えさせた。

よって、間接受動文と同じく、被使役者名詞句は主文動詞の目的語であると考えた方が合理的であろう。

　補文動詞が他動詞の場合は、被使役者は常に「に」格であるから主文述語「させる」の間接目的語ということにして、文融合を仮定しなければならない理由もなかったから、次のような構造で、補文述語を主文間接目的語がコントロールできるような仕組み（例えば補文主語位置に PRO を置く）を考えれば十分であろう。

(45)　NP が NP に［PRO V...］させる

補文が自動詞をとる場合には、先にも見たように、被使役者は「を」格と「に」格の間を揺れ動いている。「を」格の方がより強い直接的使役を表すと言われたりはするが、その傾向はあるものの、絶対的ではない。

---

(5)　このことは柴谷の指摘による（p. 319、p. 332）。ただし、柴谷は「誘発使役」の弱い強制と「許容使役」の場合に a、「誘発使役」の強い強制の意味の場合のみ b をとるという説明がなされている。しかし、いずれの場合も「から」は使えない。それについて、使役文の「指向性」が「外向的」であることがその制約の理由ではないかという意味的な説明が試みられてはいるが、あまりに漠然としていて、説得力があるとは言い難い。
　ただし、被使役者が意志的、動作主的な意味からはずれて単に媒介者的な場合には「から」も自然になるように思える。それについては後述。

(46) a. 子供がどうしてもというので、子供 {を／に} 行かせた

b. しかたなく、子供 {を／に} そのまま遊ばせた

a. 彼はいやがる妹 {を／に} ベッドで寝させた

b. 彼は太郎 {を／に} 無理やり走らせた

この場合にも、おそらく他動詞のときと同様な構造を考えることができるだろう。被使役者については、間接目的語から直接目的語への昇格を考えることもできるし、もともと両方の可能性があって、先に見たような意味的な傾向に応じて使い分けられるとも考えられるだろう。

(47)　NP が NP {に／を} [PRO V...] させる

ただし、自動詞で、「を」格しか使えない場合がある。動詞が動作主主語をとらずに、自発的な感情や行為、自然発生的な出来事を表す場合で、例えば「悲しむ」、「喜ぶ」、「驚く」、「困る」、「笑う」といった感情表現や、「蒸発する」、「咲く」、「枯れる」、「蘇る」、「病気にする」など、いわゆる反対格動詞として分類されることの多い動詞である。井上 (1976: 68-69)、影山 (1993: 61) では、これらを用いた使役文は受身にならないことが指摘されている。

(48) a. この寒気が住民を震え上がらせた

a'. *住民がこの寒気に震え上がらせられた

b. 彼は戦争で子供を死なせた

b'. *戦争で子供が彼に死なせられた　（例文と判断ともに井上）

(49) a. 水を蒸発させた

a'. *水が蒸発させられた

b. 野菜を腐らせた

b'. *野菜が腐らせられた

c. 花を咲かせた

c'. *花が咲かせられた　（例文と判断ともに影山）

井上は、これらの文では主語が動作主ではなくむしろ起因者的なものであり、補文動詞が表しているのは意図的な行為ではなく自発的な感情や自然発生的な

第八章　使役動詞について日、仏、伊語の比較から　　141

出来事であって、使役の作用の仕方が間接的であること、それと受身文にならないという理由から、被使役者を主文補語にはとらない次のような構造を仮定した。

(50)　NP₁〔NP₂ V〕させる [6]

影山でも、反対格動詞を用いた使役文の「を」格名詞句は動詞句内の直接目的語位置にとどまると考えられていて、補文の主語位置よりも下位にあるために「を」格名詞は受動文の主語になれないとされている。井上や影山の提案する構造は、確かに、それらの文が表す意味の在り方に一致するものであり、影山のいうように反対格仮説を認めて、事行主体は深層構造では直接目的語であり、それがそのまま表層で実現されると考えれば、「を」格をとることも説明できるようになる。ただし、本当に受動文にならないかといえば、それらの動詞が使われた受動文は確かに不自然になることがよくあるようには思われるが、許容度の判断についてはかなり個人差があるようで、例えば筆者には、次のような文は何の問題もないように感じられる。

(51)　a.　彼の質問にはいつも｛驚かされる／笑わせられる｝
　　　　b.　あいつの仕事のいい加減さにはいつも困らされっぱなしだ
　　　　c.　その実験で液体が特別な装置によって徐々に蒸発させられていった
　　　　d.　太郎の努力によってその枯れかけていた木に見事な花が咲かされた
　　　　e.　花子は太郎の女癖の悪さに数年間｛悲しまされ／泣かされ｝続けてきた
　　　　f.　太郎は花子の言葉の暴力にずっと苦しまされてきた

また、日本語受動文についての章で見たように、日本語の場合には間接受動文を使えば原則としてどのような動詞であっても受動文にすることができる（も

───────────────
[6]　井上では、被使役者が動作主的であり、使役の在り方が被動作主に対してより直接的な先のタイプの文にはｂと同じ次の構造をあてることで、ふたつが区別されている。
　　　NP₁ NP₂〔(NP₂) V〕させる

ちろん意味上の制約はあるが）。よって、受動文になりにくいことを構造と直接に結びつけて説明するにはおそらく無理があろう。しかし、補文に動作主主語をとる動詞の場合と反対格動詞的なものがくる場合は区別が必要であることは確かであって、井上（1976）によって指摘された次のような事実がある。使役文の主語が原因や起因者でしかないことが明らかである場合には、動作主的なものが補文主語に入ると外国語から直訳されたような不自然な文になる。

(52)　a.　何が彼女をそうさせたか　（井上（上：63））
　　　　b.??　その知らせが太郎にその手紙を書かせた

逆に言うと、次のような文は、太郎が単なる起因者ではなく、意図的な何らかの具体的な働きかけがある場合にしか使わない。

(53)　太郎が花子にその本を買わせた

つまり、「太郎が話していたことがきっかけで、花子が本を買う気になった」というような間接原因的な解釈では、無理ではないだろうが、普通は使わないということである。

(54)　?? 太郎の言葉が花子にその本を買わせた

動作主を主語にとらない、反対格動詞的な動詞が使われた場合にはそのようなことはない。また、この場合、使役主語は「人」で意図的であってもいいし、「物」的なもので、意図の感じられないきっかけ的な「原因」であっても構わないようである。

(55)　a.　太郎は（贈物で）花子を喜ばせた
　　　　b.　太郎の言葉が花子を喜ばせた
　　　　c.　太郎はその陽気さで、知らないうちに、花子を喜ばせていた
　　　　d.　太郎は温度を上げて、水を蒸発させた
　　　　e.　太郎はうっかりして、水を蒸発させた

ただし、それらの文の使役主語が原因的なものであることは全て同じである。これらの動詞が表す事行はその主体がそうしようと思ってできるような事行で

第八章　使役動詞について日、仏、伊語の比較から　　　143

はない。使役主は事行主体に働きかけるというより、事行が成立するはずの状況を準備するだけでしかない。

　「熱が水を蒸発させる」のように主語が直接に原因を指示する場合もあれば、「太郎は（温度を上げて）水を蒸発させた」のように、主語は原因となる状況を準備するだけで、直接の原因が副詞句等で示される場合もある。「人」が主語になるときには、従って間接的な起因者となる。

　しかし、然るべき状況さえ整えば、人は喜ぶし、水は蒸発する。その意味で原因と結果の因果関係は直接的である。

　動作主主語をとる動詞を使った使役文で「絶対的な命令が下された」あるいは「被使役者の意志を無視した」ような状況で「を」格が現れるという指摘が柴谷にあって、「奴隷監督は鞭を使って奴隷達 {を／*? に} 働かせた」という例があげられているが、これも状況はよく似ているように思える (7)。「奴隷」はまず命令すればそのとおりに動くはずのものとして存在するのであって、確かに人間ではあるが、「機械 {を／* に} 動かす」や「車 {を／* に} 走らせる」の場合と同様、意志的な「動作主」ではなく、ある状況に直結して引き起こされる事行主体ということでしかない。一見、反能格動詞ではあるが、文の表す状況から反対格動詞的な扱いに変わっていることが、「を」格が用いられる理由と考えられないだろうか。

　もしそのようなことになっているのであれば、同様な状況においては、補文動詞が他動詞であっても、「絶対的な命令が下された」あるいは「被使役者の意志を無視した」表現の場合には、同じように被使役者は補文主語であるはずである。だとすれば、補文主語にはその意味役割が直接に反映された形が表層に現れ得ることになり、先の {に／から} の交替が、直接受動文のときと同じように、見られる可能性が出てくることになる (8)。実際、次のような文では、被使役者が意志的な動作主から離れて仲介者、媒介者的な意味になる程、「から」が使いやすくなるように思える。

---

(7)　柴谷もこの文を「驚かせる」や「咲かせる」の場合と「誘発使役」の強い強制として同等に扱っており、それらに対して、NP₁ NP₂ [NP₂ V] -させる、の構造を仮定している。

(8)　他動詞の場合には被使役者は「を」格ではなく「に」格になるが、ここでは意味とは無関係に、先に見たような、「を」格の二重化を禁止する制約を考えておけばよいのではないだろうか。

(56) a. (田中がやるべきだったが忙しかったので、代わりに)
　　　　山田｛に／から｝その件を発表させた。
　　　　山田｛に／から｝電話させた。
　　b. (山田が重大な発見をしたというので田中は)
　　　　山田｛に／*から｝それを発表させた。
　　c. (山田が電話したいというので田中は)
　　　　山田｛に／*から｝電話させた。

従って、被使役者が動作主ではないタイプのこれらの使役文については、井上、影山案で問題はないように思われる。

　以上をまとめると次のようになる。

（Ⅰ）　NP$_1$が［NP$_2$をV］させる　（V：補文が動作主主語をとらないと解釈される場合（典型的には反対格動詞の場合））

（Ⅱ）　NPがNPに［PRO V...］させる（補文が動作主主語をとると解釈される場合、（典型的には他動詞または反能格動詞））

これは、フランス語の使役文に関して提案した構造とよく似ているが、意味解釈と構文選択の関り方については同じではない。（Ⅱ）の場合には主語が単なる原因や起因者ではなく被使役者に意図的に働きかける動作主的なものでなければならない。その点については、フランス語では日本語ほどには制約がないようである。また（Ⅰ）で、NP$_2$を主語とする受動文が可能であることを考えると、こちらについては文融合的なものを仮定すべきかもしれない。それらについてはこれからさらに検討が必要である。

6　使役の助動詞「させる」の自立性について

　使役の「（さ）せる」は主文述語として独立して機能していることを今まで見てきたが、使役の助動詞の独立性に関しては、さらに別の観点から、黒田 (1990) に興味深い議論がある。黒田によれば、「せる、させる」は単なる助動詞、付属形式ではなく、自立語として現れることがあるという。例えば、次の

第八章　使役動詞について日、仏、伊語の比較から　　　145

ような場合である。

(57)　a.　奈緒美が譲治に煙草を吸わなくさせる

　　　b.　譲治が煙草を吸わない

　　　c.　*譲治が煙草を吸わなくする

黒田によれば、aはbの使役形である。仮に従来考えられてきたように、「させる」が「する」の使役形であるとするならば、aはcの使役形のはずであるがc自体が非文法的であり、従ってaはcの使役形ではありえない。よって、aにおける「させる」は、「する」の使役形ではなく、いわゆる使役の「助動詞」がbの「吸わない」に後続する形で自立語として現れたものであるという。ただし、定延 (1990)、MIYAGAWA (1989) 等で批判されたような、使役文すべてに同じような議論が必要であるというような主張を、黒田がしているわけではない。黒田はそれらの例文を、使役動詞「させる」が、否定辞「ない」を含む使役文、あるいは形容詞、例えば「おとなしい」からつくられる「おとなしくさせる」等の使役文において自立語として現れることがある、その一例としてあげているだけである。ただ、黒田の議論において、別の点で少々問題があると思われるところがあるので、それについて触れておきたい。「させる」の「する」からの派生に関して、黒田がaがcの使役形でなければならないはずだと言うとき、黒田は、aがcを補文にとる使役文であり、cは使役文ではない、aでは「奈緒美」が使役動詞の主語であり、「譲治」は補文主語から派生した要素であるということを暗黙のうちに前提にしてしまっている。しかし、それは決して自明のことではない。ある文で「する」を「させる」に変化させたとき、常に文の構造に変化が起こるとは限らないのである。「する」自体が使役の意味を既に持っている場合がある。黒田自身も指摘しているように、次のそれぞれの例の二文はともに使役の意味を持ち、ほぼ同義である。

(58)　a.　煙草を吸わなく<u>する</u>薬

　　　a'.　煙草を吸わなく<u>させる</u>薬　　（黒田：97）

　　　b.　あの人は私を夢中に<u>する</u>

b'.　あの人は私を夢中にさせる

c.　あなたがあの人を病気にしたんだ

c'.　あなたがあの人を病気にさせたんだ　（以上四例は定延：137 による）

同様に、黒田の別の例として次のようなものがある。

(59)　奈緒美が譲治に問題の在りかを分からなくさせる

これは、確かに、黒田の言うように次の文に対応する使役文と考えることができよう。

(60)　譲治に問題の在りかが分からない

しかし、逆に (60) に対応する使役文は (59) だけではなく、次のように言うこともできる。

(61)　奈緒美が譲治に問題の在りかを分からなくする

これらの事例については、定延でも「項体制と述語のずれ」ということで指摘されているが、ただし、「ずれ」というのは、「させる」が「する」の使役形であり、「させる」が使われた場合には被使役者の項が一つ増えるはずだということを前提にした話である。上の例では、「～する」自体が既に、起因者と結果を被る側との間の関係を述べた、使役的な他動詞として機能しているのであり、従って、「する」から「させる」への変化は、ある使役表現を別の使役表現に置き換えただけであって、そこに「ずれ」が見られないのは当然のことである。「させる」を「する」から派生させることも勿論可能ではあろうが、それが構文の構造自体の変化を引き起こさない以上は、それらの文で「させる」が、一語か合成語かを議論することにあまり意味があるとは思えない。むしろ重要なことは、形容詞類、動詞の否定辞を含めて、それらから派生される使役の表現には「～する」、「～させる」の少なくとも二つがあり、それらがある場合にはともに可能であり、別のある場合には対立したものとして現れてくるということであろう。

(62)　a.　大きい／（～を）大きくする／（～を）大きくさせる

b. 元気だ／（～を）元気にする／（～を）元気にさせる

c. 歌えない／歌えなくする／歌えなくさせる

(63) a. 煙草を吸わなくする／させる薬

b. 奈緒美が譲治に煙草を吸わなく*する／させる

c. 奈緒美が譲治に問題の在りかを分からなくする／させる

従って、これらの使役文における「させる」が「する」の使役形ではなく、それが使役動詞として自立した形で現れたものであるとする黒田の結論自体は、おそらくそのとおりであろう。ただ、黒田では、何故「する、させる」で上例のような用法の対比が見られるのかについての説明がない。これに関連して思い起こされるのは、自他の対応がある動詞、例えば、「たおれる、たおす」における、自動詞の使役形「たおれさせる」と他動詞「たおす」との使い分けである。

(64) 倒す／倒れる／倒れさせる

止まる／止める／止まらせる

立つ／立てる／立たせる

煮える／煮る／煮えさせる

乗る／乗せる／乗らせる

これらは、他動詞と自動詞の使役形がともに使える場合もあれば、そうでない場合もある。

(65) a. 太郎はエンジンを止めた／止まらせた

b. 太郎は車の荷台に荷物を載せた／？？載らせた

c. 太郎は花子を車に乗せた／乗らせた

d. 太郎は椅子を倒した／*倒れさせた

e. 太郎が次郎を*倒した／倒れさせた　（定延：128（柴谷からの引用））

これらについては、従来、例えばMIYAGAWA等で、dやeのように他動詞と使役形のどちらか一方しか可能でない場合を特に問題にして、被使役者に自発性が認められるか、それが動作主、主題であるか等といった動詞の意味構造

をもとにしてそれぞれの用法の制限条件が論じられることが多かった。しかし、
cの例のように動詞の意味構造自体は同じであるにもかかわらず、他動詞と使
役形の両方が可能な場合がある。また、これは既に幾度も指摘されてきたこと
であるが、(65) dの「倒れさせた」は独立した文としては確かに不自然であ
るが、適当なコンテキストさえ与えてやれば自然になる場合がある。次の例は
定延による。

(66) 太郎は何十キロもある荷物を2階から勢いよく床に落とし、落下地点
の近くに置いてあった椅子をそのはずみで倒れさせた。(定延：128)

つまり、文の許容度はそのコンテキストに大きく依存しており、単に動詞の意
味構造だけを考えていたのでは問題の解決にならないことは明らかである。

荒井 (1991) は、これらの文における他動詞／使役動詞の違いを、「語彙的
ステレオタイプ」という概念を用いて説明している。荒井によれば、一般に、
他動詞が表すことができる起因作用及び出来事は、「それがどのようなしかた
で起こり、どのような機能を果たすのかは、その状況に応じて標準化されて」
いて、「その標準は我々の文化的な条件下で、「普通に起こること」を反映して
いる (p. 112)」、つまり、他動詞が表すことのできる概念表示は、その標準化
されたステレオタイプに限定されており、そのステレオタイプから外れた起因
作用を含む出来事を表すために、使役動詞が存在するのだという。実際に、次
の例に見られるように、起因者と出来事のあり方、その出来事の引き起こされ
方が、通常の方法、状況とは異なれば異なる程に、使役形が使われやすくなる。

(67) a. 太郎は鉄の棒を手にとって一気に曲げた／?? 曲がらせた。
b. 強度をテストするために、教授は実験装置を用いて重量を加え、
鉄材をゆっくりと ?? 曲げた／曲がらせた。
c. 太郎は手でかんぬきをはずしてから／*はずれさせてから、蔵の
戸を開けた。
d. 太郎は壁にはってあったポスターを手でビリッとはがした／*は
がれさせた。
e. 太郎は霧を吹きかけて壁紙をはがした／はがれさせた。(荒井：

第八章　使役動詞について日、仏、伊語の比較から　　　149

126-128)

定延においても、同種の文が成立する条件として、使役者の事態の成立に対する働きかけの「間接性」があげられており、「「直接的」か「間接的」かは、状況を考慮に入れた上での認知的な観点から判断する必要がある」(p. 124-125)という、荒井とほぼ同趣旨の説明がなされている。確かに、このように考えてみれば、先ほどの例に見られた「する」使役文と「させる」使役文の用法の対比も、ある程度まで説明できるのではないか。

(68)　a.　煙草を吸わなくする／させる薬
　　　b.　緒美が譲治に煙草を吸わなく*する／させる
　　　c.　奈緒美が譲治に問題の在りかを分からなくする／させる

「椅子を倒す」や「家を建てる」というときには、それらの事態が展開する際のそのプロセスの有様の典型的ないくつかの姿をすぐに想像できる。それに対して、「煙草を吸わなくさせる」、「問題の在りかを分からなくさせる」という事態が起こった場合、その結果生じる「煙草を吸わない」、「問題の在りかが分からない」状態自体は勿論具体的に想像できるわかりやすい状態ではあるが、その結果に至る起因作用、事態のあり方については、その結果に至るための常識的な決まったやり方があるわけではない。典型的なプロセスをイメージすることが極めて困難であって、コンテキスト次第で様々な状況がいくらでも想定され得るように思われる。それらの文で「させる」が使われる可能性があるのはおそらくそのためであろう。それでは、(68) a に対して、「する」についてのb の制約はどのように説明できるのだろうか。「たばこを吸う」状態から「たばこを吸わない」状態への移行は、まず、a のように「薬」を起因者とする場合、薬によって体の性質を変化させて、本人の意思にかかわらずたばこを吸う気をなくさせてしまうということであり、その意味で起因者はその対象に対して直接的な作用を及ぼしていると考えられる状況が想定できる。それに対して、b のように「人」を起因者とする場合、「たばこを吸わない」ようにさせるためには、相手にそれを命令することはできても、その命令が実現されるためには、最終的には相手の意思、自発性等に頼らざるをえない。その意味で、

起因者の対象に及ぼす作用は先の場合に比べて常により間接的になってしまわざるをえない。そのために b では「する」が使えないのではないか。一方、c の場合には、「問題の在りかがわからなく」なる人は、「奈緒美」が問題を複雑にしてしまったが、よく考えれば理解できるはずなのに、自分の力不足のせいで「わからない」という場合もあれば、「奈緒美」の「問題」の提示の仕方が誤っていたために、あくまで起因者の「奈緒美」が原因で、一方的に「わからなく」してしまうこともありうる。つまり、a 同様に、起因者が引き起こす事態の因果関係が直接的でありうるところが、c で「する」が可能になる理由なのではないのだろうか。

おわりに

　以上、フランス語、イタリア語、日本語の使役文の構造について気づいた点をいくつか述べてきた。日本語使役文に関する補文境界の問題とその構造、「する／させる」の使い分けの問題については一応の予想を述べただけで、さらなる検討が必要である。おそらくは各個別の言語でいくつかの競合する使役表現があり、そのそれぞれが対応する用法、意味範囲があって、その一部が各言語間で重なっているということなのであろうが、今回のような言語間の比較と同時に、それぞれの言語ごとの精密な記述が必要であることは言うまでもない。最後に触れた「ステレオタイプ」の問題についても、それぞれの動詞の用法についてさらに細かい記述が必要となろうが、それは今後の課題である。

参考文献

荒井文雄 (1991):「日本語における起因述語——他動詞と使役動詞の意味論」、『京都産業大学論集』。

朝倉季雄 (1981):『フランス文法ノート』、白水社。

——(1955):『フランス文法事典』、白水社。

BELLETTI, A. (1988) : "The case of unaccusative", *Linguistic Inquiry* 19-1, pp. 1-34.

BELLETTI, A. & L. RIZZI (1988) : "Psych-Verbs and θ-theory", *Natural Language & Linguistic Theory*, 6-3, pp. 291-352.

BLAKE, B. J. (1990) : *Relational Grammar*, Routledge.

BRESNAN, J. (1982) : "Control and Complementation", in J. Bresnan (ed.), *The Mental Representation of Grammatical Relations*, The MIT Press, Cambridge, Mass.

BRESNAN, J. & A. ZAENEN (1990) : "Deep Unaccusativity in LFG", in *Grammatical Relations*, K. Dziwirek, P. Farell & E. M. Bikandi (ed.), SLA, Stanford.

BURZIO, L. (1986) : *Italian Syntax*. Reidel Publishing Company.

CHOMSKY, N. (1981) : *Lectures on Government and Binding*, Foris, Dordrecht.

DAVIES, W. D. & C. ROSEN (1988) : Unions as multi-predicate clauses, *Language* 64-1, pp. 52-88.

DUBINSKY, S. (1985) : *Union Constructions in Japanese : A Unified Analysis of-sase and-rare*, Ph. D. dissertation, Cornell University.

——(1990) : "Japanese Direct Object to Indirect Object Demotion", *Studies in Relational Grammar 3*, pp. 49-86, University of Chicago Press.

FAUCONNIER, G. (1983) : "Generalized Union", in Tasmowski and Willems (eds.) *Problems in Syntax*, pp. 195-229, Plenum, New York.

藤村逸子 (1989a):「他動性再考——使役文内での格付与の問題をめぐって」、『フランス語学研究』23、pp. 40-54。

—— (1989b)：「身体部位の所有者を示す与格補語について」、pp. 45-85.『フラン
ス語フランス文学研究』55。

GAATONE, D. (1998)：*Le passif en français*, Duculot.

GIBSON, J. & E. RAPOSO (1986)："Clause Union. The stratal uniqueness law
and the chômeur relation", *Natural Language & Linguistic Theory* 4-3, pp.
295-331.

GREVISSE, M. (1986) : *Le bon usage* (douzième edition), Duculot, Paris-
Gembloux.

GUASTI, M. T. (1996) : "Semantic Restrictions in Romance Causatives and
the Incorporation Approach", *Linguistic Inquiry*, 27-2, pp. 294-313.

林迪義 (1987)：「se faire＋inf. 構文について」、pp. 49-55、『フランス語学研究』
21。

—— (1989)：「se faire＋inf. 構文の意味特性」、pp. 81-89、『フランス語学研究』
23。

HOPPER, P.L. & S. A. THOMPSON (1980)："Transitivity in grammar and dis-
course", *Language* 56-2, pp. 251-299.

井上和子 (1976)：『変形文法と日本語』(上・下)、大修館書店。

JACKENDOFF, R. (1972) : *Semantic Interpretation in Generative Grammar*,
MIT Press, Cambridge.

JAEGGLI, O. (1986)："Passive", *Linguistic Inquiry* 17-4, pp. 587-622.

JOHNSON, David E. & Paul M. POSTAL (1980) : *Arc Pair Grammar*, Prince-
ton, Princeton University Press.

影山太郎 (1993)：『文法と語形成』、ひつじ書房。

KAYNE, R. (1975)：*French Syntax*, Cambridge, MIT Press.

—— (1977)：*Syntaxe du français*, Seuil.

—— (1984)：*Connectedness and Binary Branching*, Foris Publications

木内良行 (1990a)：「関係文法における受動文の解釈について」、『ヨーロッパ文学
研究』第 14 号、甲南女子大学フランス文学会、pp.105-120。

—— (1990b)：「使役構文について——関係文法による構文解釈の試み」、『フラン
ス語学研究』24 号、日本フランス語学研究会。

—— (1991)：「属詞の文法関係について」、pp. 50-58、『フランス語学研究』第 25
号、日本フランス語学会。

—— (1992)：「ジェロンディフ、分詞節等における明示されない主語の解釈につい
て」、『フランス語学研究』第 26 号、pp. 68-76、日本フランス語学会。

―― (1997)：「関係文法におけるフランス語の倒置構文、非人称構文の扱いについて」、pp. 5-22, *Études françaises* 30、大阪外国語大学フランス語研究室。

―― (1998a)：「ジェロンディフ、分詞節等における明示されない主語の解釈について　再考」、『フランス語学研究』第32号、pp. 23-27、日本フランス語学会。

―― (1998b)：「使役動詞についてのノート――日、仏、伊語の比較から」、『テクストとしてのフランス文化』、pp. 95-116、1996-7年度特定研究報告書、大阪外国語大学フランス研究会。

―― (1999)：「Postal によるフランス語受動文の解釈について：Paul M. Postal："A Glance at French Pseudopassive" (1996) への論評」、*Études françaises* 32、大阪外国語大学フランス研究会。

―― (2002)：「フランス語の受け身的解釈を受ける使役文について」、pp. 30-37、『フランス語学研究』36。

KINOUCHI, Y. (1999) : *Cas syntaxique et cas sémantique en français et en japonais Quelques critiques sur la Grammaire Relationnelle*, Thèse de doctorat, Université Paris VIII, publiée par Les Presses Universitaires du Septentrion.

―― (2001) : *Passif, causatif et autres constructions en français et en japonais* (大阪外国語大学学術研究双書27)、大阪外国語大学学術出版委員会。

久野暲 (1973)：『日本文法研究』、大修館書店。

―― (1983)：『新日本文法研究』、大修館書店。

―― (1986)：「受身文の意味」、『日本語学』、vol. 5, no. 2, pp. 70-87.

黒田成幸 (1990)：「使役の助動詞の自立性について」、『文法と意味の間』、くろしお出版。

KURODA, S. (1979) : *Generative Grammatical Studies in the Japanese Language*, Garland Publishing, New York.

LECLÈRE, Ch. (1978) : "Sur une classe de verbes datifs", pp. 66-75, *Langue Française* 39.

LEGENDRE, G. (1988) : "Two classes of unergatives in French?", *Proceeding of the Twentyfourth Regional Meeting of the Chicago Linguistic Society*, pp. 259-274.

―― (1989) : "Inversion with certain French experiencer verbs", *Language* 65-4, pp. 752-782.

―― (1990) : "French Impersonal Constructions", *Natural Language & Linguistic Theory* 8, pp. 81-128.

—— (1994) : *Topics in French Syntax*, New York, Garland Publishing.

MIYAGAWA, S. (1989) : *Structure and Case Marking in Japanese, Syntax and Semantics 22*, Academic Press, New York.

中右実・西村義樹 (1998) :『構文と事象構造』、研究社出版。

NIQUE, Ch. (1978) : *Grammaire générative : hypothèses et argumentations*, A. Colin, Paris.

大木充 (1989) :「il lève la tête 構文と il se brosse les dents 構文」、pp. 74-81、『フランス語学研究』23。

PERLMUTTER, D. M. (1984) : "Working 1 and Inversion in Italian, Japanese and Quechua", *Studies in Relational Grammar 2*, pp. 292-330, The University of Chicago Press, Chicago.

PERLMUTTER, D. M. & P. M. POSTAL (1983) : "Some Proposed Laws of Basic Clause Structure", *Studies in Relational Grammar 1*, pp. 81-128. The University of Chicago Press, Chicago.

—— (1984) : "The 1-Advancement Exclusiveness Law", PERLMUTTER et ROSEN (eds.) *Studies in Relational Grammar 2*, pp. 81-125, The University of Chicago Press, Chicago.

PERLMUTTER, D. M. & A. ZAENEN (1984) : "The Indefinite Extraposition Construction in Dutch and German", PERLMUTTER et ROSEN (eds.) *Studies in Relational Grammar 2*, pp. 171-216, The University of Chicago Press, Chicago.

POLLOCK, J.-Y. (1986) : "Sur la syntaxe de EN et le paramètre du sujet nul", *La Grammaire Modulaire*, pp. 211-248.

POSTAL, Paul M. (1982) : "Some arc pair grammar descriptions", *The Nature of Syntactic Representation*, pp. 341-425. Reidel, Dordrecht.

—— (1985) : "La dégradation de prédicat et un genre négligé de montée", *Recherches Linguistiques de Vincennes* 13, pp. 33-68.

—— (1986) : *Studies of passive clauses*, State University of New York Press, New York.

—— (1989) : *Masked inversion in French*, The University of Chicago Press, Chicago.

—— (1992) : "Phantom Successors and the French faire par Construction", in *The Joy of Grammar : A Festschrift for James D. McCawley*, D. Brentari, G. Larson & L. MacLeod, pp. 289-321. Chicago, The University of Chicago

Press.

―― (1996) : "A Glance at French Pseudopassive", in *Grammatical Relations,* Cl. S. Burgess, K. Dziwirek & D. Gerdts (ed.), pp. 391-428. Stanford, California, CSLI Publications.

RIVIÈRE, N. (1981) : *La construction impersonnelle en français contemporain,* Favard, Paris.

ROSEN, C. (1988) : *The Relational structure of Reflexive Clauses,* Garland Publishing.

RUWET, N. (1972) : *Théorie syntaxique et syntaxe du français,* Seuil, Paris.

定延利之 (1991) :「SASE と間接性」、『日本語のヴォイスと他動性』仁田義雄編、くろしお出版。

坂原茂 (1985) :「関係文法とフランス語」、『ふらんす』(1985 年 2 月号から 1986 年 9 月号まで掲載)、白水社。

―― (1986) :「文融合の領域拡大の試み Gilles Faucinniers"Generalised Union"『フランス語学研究』20 号、pp. 79-91、日本フランス語学研究会。

柴谷方良 (1978) :『日本語の分析』、大修館書店。

SHIBATANI, M. (1990) : *The languages of Japan,* Cambridge University Press, Cambridge.

杉本武 (1986) :「格助詞」、『いわゆる日本語助詞の研究』奥津敬一郎編、凡人社。

TASMOWSKI-DE RYCK, L, & H. VAN OEVELEN (1987) : "Le causatif pronominal", *Revue Romane* 22-1, pp. 40-58.

高見健一 (1995) :「機能的構文論による日英語比較」、東京、くろしお出版。

東郷雄二・大木充 (1986) :「フランス語の主語倒置と焦点化の制約、焦点化のハイエラキー」、『フランス語学研究』第 20 号、pp. 1-15。

―― (1987) :「非人称構文の談話機能について」、『フランス語学研究』第 21 号、pp. 1-19。

TSUJIMURA, N. (1996) : *An Introduction to Japanese Linguistics,* Blackwell, Cambridge.

ZUBIZARRETA, M.- L. (1984) : Le statut morpho-syntaique des verbes causatifs dans les langues romanes. *Grammaire Modulaire,* M. Ronat et D. Couquaux (éd.), Les Éditions de Minuit, Paris.

WASHIO, R. (1993) : "When Causatives Mean Passive : A Cross-Linuistic Perspective", pp. 45-90, *Journal of East Asian Linguistics* 2-1.

鷲尾龍一 (2003) :「SE FAIRE と他言語研究」、pp. 54-61、『フランス語学研究』

37。
鷲尾龍一・三原健一（1997）：『ヴォイスとアスペクト』、研究社出版。

人名索引
(アルファベット順)

荒井　148, 149
朝倉　11, 12, 41, 61

BELLETTI　62-64
BELLETTI & RIZZI　44
BLAKE　59, 106
BRESNAN　16
BURZIO　21, 63, 127, 131

CHOMSKY　6

DAVIES & ROSEN　74, 75, 127
DUBINSKY　103, 106-109, 111-115, 118, 127, 132-138

FAUCONNIER　27-34
藤村　37, 38, 40, 92, 96-98

GAATONE　86
GIBSON & RAPOSO　27-31, 34
GREVISSE　41, 48
GUASTI　36

林　85
HOPPER & THOMPSON　37

井上　105, 134, 140-142, 144

JACKENDOFF　45
JAEGGLI　6, 36
JOHNSON & POSTAL　73

影山　140, 141

KAYNE　10, 15, 21, 24, 45, 54, 60, 63, 69, 77, 81, 91, 98, 99
久野　103, 105, 109, 110, 115-118
KURODA　116
黒田　144-147

LECLÈRE　91, 98, 99
LEGENDRE　5-15, 32, 42, 44-52, 54, 57, 59, 61, 77, 124, 127

MIYAGAWA　119, 120, 145, 147

NIQUE　12
中右・西村　94, 95

大木　98

PERLMUTTER　3, 5, 21, 57
PERLMUTTER & POSTAL　5, 14
PERLMUTTER & ZAENEN　11
POLLOCK　51
POSTAL　3, 15, 43, 57, 59, 73-91, 93, 96, 105, 127

RIVIÈRE　7, 13, 18
ROSEN　57-60, 62, 64
RUWET　43, 47

坂原　20, 25
定延　145-149
柴谷　103, 105, 118, 135, 138, 139, 143, 147
杉本　109, 134

TASMOWSKI-DE RYCK & VAN OEVE-
LEN   83, 85, 86, 91, 100
高見   84
東郷・大木   12, 13, 15, 17, 48, 50, 51, 63, 65-67

WASHIO   82, 83, 87-89, 92, 93, 99
鷲尾・三原   137

ZUBIZARRETA   127-130

事項索引

(アイウエオ順)

ア 行

インヴォルヴメント　117
影響　36, 38, 39, 84, 88, 90-92, 95, 98, 99, 105, 116, 117
音声的休止　51

カ 行

拡大与格　91-93, 95, 96, 98, 99
間接受動文　103-121, 138, 139, 141
間接性　117, 149
間接目的語から主語への昇格　133-136
間接目的語から直接目的語への昇格（3→2昇格）　31, 32, 34
関与者　88, 91, 100
起因者　86, 90-92, 94, 95, 100, 140, 142-144, 146, 148-150
起点　118, 139
経験者（意識主体）　43, 44, 46, 53
語彙的ステレオタイプ　148
語彙変形　6, 14, 17, 18, 29, 30, 120, 130, 137
行為者　37, 88, 96
構成素統御（c-commande）　51

サ 行

再帰代名詞　13, 87-90, 92, 93, 95, 99, 116, 128, 129
最終主語原則　28
再述代名詞（resumptive）　73, 79, 80, 81 83, 84
使役文
　受動解釈の――　78, 80, 81-84
　（イタリア語）　36, 127-131

（日本語）　114, 123-127, 132-150
使役受動文　130-133, 136
　（イタリア語）　130, 131
　（日本語）　130, 131, 136
事行主体　141-143
失業者　4, 5, 9-12, 14, 21, 35, 48, 58-61, 64, 65, 75, 120
実主語　8-17, 50, 51, 57, 60-65, 71
自発（性）　140, 147, 148
自分（再帰代名詞）　94, 104-108, 110, 114-118, 139
受益者　92, 95, 100, 134, 135
主語性　45, 65, 66
主語の失業（1→cho降格）　5, 6, 14
主題　17, 53, 54, 65, 66
受動化　14, 130, 131
受動形態素　3-7, 13, 14, 112, 120, 131, 137
受動変形　9, 17, 131
　（語彙操作）　131
剰余性排除の原則　129
身体部　98, 99
心理動詞　44-47, 51-53
数量詞の遊離　119
する／させる　147, 149, 150
層単一の原則　4, 13, 18, 23, 68, 112

タ 行

代名動詞　13, 42, 93, 101, 127, 129
脱テーム化　12
他動性　49, 50
直接受動文　103-108, 110-121, 138, 139, 143
直接目的語から主語への昇格（2→1昇格）　4-9, 13-15, 29, 105, 106, 111, 112, 114

～てもらう　95
～てもらう／られる　135
動作主　14, 17, 42, 43, 54, 98, 99, 109, 118, 138
　　-140, 142-144
動作主から主語への昇格（Ag→1昇格）　28
倒置文（イタリア語）　58-63
特定主語条件　21
突出度　40, 96

ナ 行
に／から　118, 119, 138, 139, 143, 144
二重対格目的語制約　125, 127, 133, 137, 138
に／によって　107-110
に／のために　135
に／を　104, 106, 125, 137, 140, 143

ハ 行
反対格仮説　5, 29, 141
反対格動詞　5, 7, 8, 10, 11, 14, 16, 18, 26-30,
　　32, 34, 44, 46, 49, 50, 58, 59, 63, 64, 69, 111,
　　120, 140, 141, 144
反対格動詞化　17
反能格動詞　7-10, 13, 14, 16-18, 33, 35, 44, 49,
　　60, 64, 120, 143, 144
被影響性の制約（Affectedness Constraint）
　　36, 38

被害　91, 116, 117
被害受身　117
被害者　92, 95, 100, 135
被動者　37, 40, 88, 98
非人称化　17
非人称受動文　7, 9, 11, 13-16, 49
非人称要素　8, 9, 10, 57, 60, 61
副詞句のコントロール　15, 45, 52, 53, 77, 105,
　　124, 126, 133
不定名詞句効果　63
文融合　19, 20, 24, 25, 27-31, 33-35, 53, 74-76,
　　78, 80, 111, 112, 121, 123, 127, 131, 132, 136-
　　139
補文境界　19, 29, 132, 137

アルファベット
(否定の) de　11, 61
en　11, 61, 67, 68, 69, 70
en (de NP が対応する en)　81
faire... {a/par} NP　19-40
fare... {a/da} NP　36, 127
on (の解釈)　44, 45
Phantom Successor　76, 82
PRO　9, 34, 35, 40, 121, 131, 139, 140, 144
Tough 移動　32

著者略歴
1955年　徳島県に生まれる
1999年　パリ第8大学言語学科博士課程修了、言語学博士
現　職　大阪外国語大学外国語学部教授
著　書　"Passif, causatif et autres constructions en français et en japonais"（大阪外国語大学学術研究双書27、大阪外国語大学学術出版委員会、2001年）
『クラウン仏和辞典　第5版』（共著、三省堂、2001年）
主論文　"Cas syntaxique et cas sémantique en français et en japonais Quelques critiques sur la Grammaire Relationnelle"（パリ第8大学博士論文、1999年）

大阪外国語大学言語社会研究叢書　第3輯
フランス語の統語論研究　関係文法の限界と可能性

2005年10月15日　第1版第1刷発行

著　者　木内良行
発行者　井村寿人
発行所　株式会社　勁草書房
112-0005　東京都文京区水道2-1-1　振替　00150-2-175253
（編集）電話03-3815-5277／FAX 03-3814-6968
（営業）電話03-3814-6861／FAX 03-3814-6854
理想社・牧製本

©KINOUCHI Yoshiyuki　2005

ISBN4-326-04811-5　Printed in Japan

JCLS　<㈱日本著作出版権管理システム委託出版物>
本書の無断複写は著作権法上での例外を除き禁じられています。
複写される場合は、そのつど事前に㈱日本著作出版権管理システム
（電話03-3817-5670、FAX03-3815-8199）の許諾を得てください。

＊落丁本・乱丁本はお取替いたします。
http://www.keisoshobo.co.jp

フランス語の統語論研究
関係文法の限界と可能性

2015年1月20日　オンデマンド版発行

著　者　木　内　良　行

発行者　井　村　寿　人

発行所　株式会社　勁草書房

112-0005 東京都文京区水道 2-1-1　振替　00150-2-175253
（編集）電話 03-3815-5277／FAX 03-3814-6968
（営業）電話 03-3814-6861／FAX 03-3814-6854
印刷・製本　（株）デジタルパブリッシングサービス http://www.d-pub.co.jp

Ⓒ KINOUCHI Yoshiyuki 2005　　　　　　　　　AI943

ISBN978-4-326-98186-1　Printed in Japan

JCOPY　＜(社)出版者著作権管理機構 委託出版物＞
本書の無断複写は著作権法上での例外を除き禁じられています。
複写される場合は、そのつど事前に、(社)出版者著作権管理機構
（電話 03-3513-6969、FAX 03-3513-6979、e-mail: info@jcopy.or.jp）
の許諾を得てください。

※落丁本・乱丁本はお取替いたします。

http://www.keisoshobo.co.jp